韓国のやきもの

先史から近代、土器から青磁・白磁まで

姜敬淑 著
山田貞夫 翻訳

淡交社

韓国のやきもの

先史から近代、土器から青磁・白磁まで

姜敬淑 著
山田貞夫 翻訳

淡交社

はじめに

この『韓国のやきもの　先史から近代、土器から青磁・白磁まで』は、韓国国際交流財団（Korea Foundation）が韓国の文化を世界に紹介するために出版した『Korean Ceramics』の韓国語原稿からの翻訳本です。

韓国国際交流財団は、シリーズで韓国文化を紹介してきましたが、『韓国のやきもの』はその一二番目の本です。

したがって、『韓国のやきもの』は、やきものを通して韓国の文化、ひいては韓国そのものを理解してもらい、その理解が、望ましい国際交流につながることを願って書かれた本です。

韓国の文化を理解してもらうために書かれた『韓国のやきもの』は、多くの人に読んでいただく必要から、専門家でなくても理解できるように書かれた韓国陶磁の概論書であり、入門書です。だからと言って、単なる韓国陶磁の物語ではありません。科学的な根拠に基づいて書かれた「やさしい学術書」でもあります。

この本には時代ごとに、「優雅な翡色《ひしょく》の美学」、「豊かなユーモアと、端雅な白色の香煙」などの章題がつけられていますが、そこにはすべての時代を超えた韓国陶磁の特色、韓国らしさ、日本や中国とは異なる固有性があるのではないでしょうか。あるとしたら、それは何でしょうか。もしあるとすれば、それは韓国陶磁だけに現れるものではなく、絵画、建築、仏像彫刻などにも現れていると思われます。それは何でしょうか。

私は韓国の美術を目にするとき、一つの基準をもって見ることにしています。それは맑음투명성《マルグムトウミョンソン》（澄んだ透明性）です。水や空気が最も澄んだ朝の静けさです。これこそが韓国らしさ、韓国文化の固有性ではないかという仮説をもって見ています。朝の静けさと韓国・韓国人はそぐわないと思われる方がおられるかもしれませんが、そうではありません。澄んだ透明性、朝の静けさ、これが韓国文化、韓国・韓国人理解の「鍵」ではないかと思っています。

韓国のやきものを最も愛した室町、桃山期の日本人は「井戸茶碗、是天下一の高麗茶碗……唐茶碗はすたり」（『山上宗二記《やまのうえそうじき》』一五八八）といって高麗茶碗を愛用しました。しかし、文禄・慶長の役を防ぐことができなかっただけでなく、多くの朝鮮陶工を連行してきました。このことは高麗茶碗の文化理解とは相反する行為であったと言えるのではないでしょうか。

この『韓国のやきもの』が、韓国陶磁がもつ固有性の発見、韓国・朝鮮文化の理解に役立ち、新しい平和な関係の構築につながるようなかたちで韓国陶磁が理解される、そのきっかけになればと願っています。

韓国併合一〇〇年を迎えたいま、その想いと願いを強くしています。

最後に、『韓国のやきもの』の著者姜敬淑《カンギョンスク》教授は、私が六十歳から三年間、国立忠北大学校大学院でお世話になった指導教授です。この翻訳・出版が老学生へ傾けてくださった指導の労に報いるものになり、感謝のしるしになることを心から願っています。

平成二十二年八月

山田貞夫

韓国のやきもの
先史から近代、土器から青磁・白磁まで

目次

第六章 豊かなユーモアと、端雅な白色の饗宴 朝鮮時代の陶磁器 115

凡例

・本書は、二〇〇八年にKorea Foundationより刊行された『Korean Ceramics』の日本語版として、原著に一部加筆修正を加え出版するものである。
・原著中の脚註は※で表し各章末にまとめて掲載した。また、原文中、必要と思われる用語には（）で訳註を付した。
・作品名の表記は、一部の例外を除き【陶磁胎・加飾技法・文様・銘記・形態】の順にあらわした。
・韓国の固有名詞は原則漢字で表記し、カタカナでルビを付した。また、一部漢字での表記のない文字、表記する漢字が不明の文字はカタカナで表記した。

第一章

韓国陶磁器とはなにか

1 陶磁器の定義

韓国陶磁器の歴史は一万年前からはじまります。土を練りあげてつくるうつわは、人類の知恵の発達にともなって、土器から美しい磁器へと発展していきました。それだけでなく、今日では日常容器をこえてニューセラミックという新素材としても開発され、建築素材から人工衛星の繊細な部品にまで応用されるにいたりました。それゆえ、各時代の陶磁器は、政治、経済、科学技術、国際交流、その時代の人々の趣向などの全体的な背景を帯びているものといえます。

陶磁器は、土器、陶器、磁器、甕器《オンギ》などのすべてをさす幅広い意味をもち、胎土《たいど》や釉薬《ゆうやく》、堅さによって区分することができます。

陶器には、粘土を練りあげて成形した後、釉薬は使わず摂氏六〇〇～八〇〇度で野焼きした赤褐色のものと、摂氏八〇〇～一一〇〇度の密閉された空間で焼かれ、長石《ちょうせき》が溶けて胎土に浸みこんだ、非常に堅くなった灰青色のものとがあります。前者には韓国の新石器時代と青銅器、初期鉄器時代の土器が該当し、後者には原三国《げんさんごく》時代～統一新羅時代の土器が該当します。現在韓国の学会では、高級な釉薬を使わずに焼かれた陶器をすべて土器と呼ぶ傾向があるため、陶器と土器は厳密に区別されないまま慣習的に混用されています。

磁器は、摂氏八〇〇～九〇〇度で素焼きした後釉薬をほどこし、摂氏一二〇〇度以上の高温で再び焼きあげる高級品です。高麗時代の高級青磁や朝鮮時代の官窯白磁がこれに該当します。しかし、大量生産品や庶民の日用品は釉薬がほどこされ、素焼きなしに一度で焼成《しょうせい》されました。

甕器は、水や醗酵食品を貯蔵する壺の機能をもつ陶器の一種です。甕器の制作技法は先史時代の土器制作と同様に、板を四方からおこして成形する方法と、綱状の粘土を巻きあげながら叩いてつくる伝統的な技法をもちいます。青磁、粉青沙器《ふんせいさき》（訳註・韓国ではプンチョンサギと発音する）、白磁とともに、途絶えることなく今も制作されています。

青磁の胎土は峡谷《きょうこく》、田の底、海岸、川底に沈殿《ちんでん》している粘土層の二次粘土、白磁の胎土は高嶺土《カオリン》を使用しますが、これは山に鉱脈帯を形成している高嶺鉱からできる一次粘土です。[※1]

韓国陶磁器の歴史が長いのは、青磁と白磁にもちいる胎土が豊富にあったからです。一方、ヨーロッパの磁器は高嶺土がないため、ガラス質化する硅石《けいせき》の代わりに石膏《せっこう》や骨灰《こっぱい》を使ってつくる軟質の人工磁器です。それゆえ、真の意味での硬質磁器とはいえません。

釉薬は松、萩、稲わらのようなイネ科植物の灰に、長石や石英《せきえい》を混ぜた良質の石灰釉です。石灰釉がはじめて使用されたのは中国の東漢（二五～二二〇）時代ですが、流行したのは北宋（九六〇～一一二七）時代です。韓国では高麗時代以後に発展しました。

2 陶磁器の制作過程

陶磁器の制作過程は、粘土を準備してから完成させるまで、おおよそ九段階を経ます。採取した粘土は大きな水たまりか桶《おけ》に入れて水を注ぎ、掻《か》き混ぜてから不純物を除去します。沈殿した細かい粘土は乾燥桶に入れて乾かします。このような工程を「水簸《すいひ》」といい、水簸した粘土は適当に水をくわえて練り、杵《きね》でつき、足で踏み、また手で練ります(図1)。これにより気泡が除去され、良質な胎土となります。最近では機械が使用されています。

次の段階では、用意した胎土をさまざまなうつわに成形します(図2)。うつわを成形する方法は、紐《ひも》状の粘土を巻きあげて積む方法、叩き締める方法、ろくろを利用する方法などがあります。

形がきまれば、次に模様をうつわにほどこします。彫刻する方法、筆描きする方法、彫りだした模様に白土や赤土を塗りこんで象嵌《ぞうがん》する方法など、多様です。

模様をつけたうつわは、日陰で適度に乾かしてから素焼きします。素焼きされたうつわに釉薬をほどこし、最終段階である本焼きをすれば完成です。

韓国の伝統窯は、一〇〜一八時間ほど薪を焚《た》くと、摂氏一〇〇〇度前後まで温度が上昇します。その後、各室ごとに薪を焚き、窯の温度が摂氏一二〇〇〜一三〇〇度になると炎の色は白くなります。このとき釉薬が溶けるため、窯の側面出入り口、焚き口、煙突、覗き穴などをすべてふさぎ、外部から入ってくる酸素の供給を遮断させなければなりません。このようにして外部からの酸素を遮断すると、窯の内部は不完全燃焼状態となります(これを還元炎焼成《かんげんえんしょうせい》といいます)。このとき、青磁は緑色に、白磁は白く発色します。窯の内部が完全に不完全燃焼状態にならなければ、器物に含まれている鉄分が空気中の酸素と結合し、青磁や白磁はみな黄味を帯びてしまいます(図3)。

また高級なうつわは、耐火土でつくった匣鉢《さや》という容器に入れて焼成します(図4)。そうすることで、

図2. ろくろでうつわを成形するようす
慶尚北道聞慶窯　千漢鳳氏提供

図1. 足で踏んで胎土をつくるようす
慶尚北道聞慶窯　千漢鳳氏提供

図3. 窯で火を焚くようす　慶尚北道聞慶窯　千漢鳳氏提供

図4. 高麗青磁を入れて焼く方法
張起薫、「窯道具を通して見た初期青磁窯業の変遷」
『美術史研究』16、2002、245頁、図表5引用

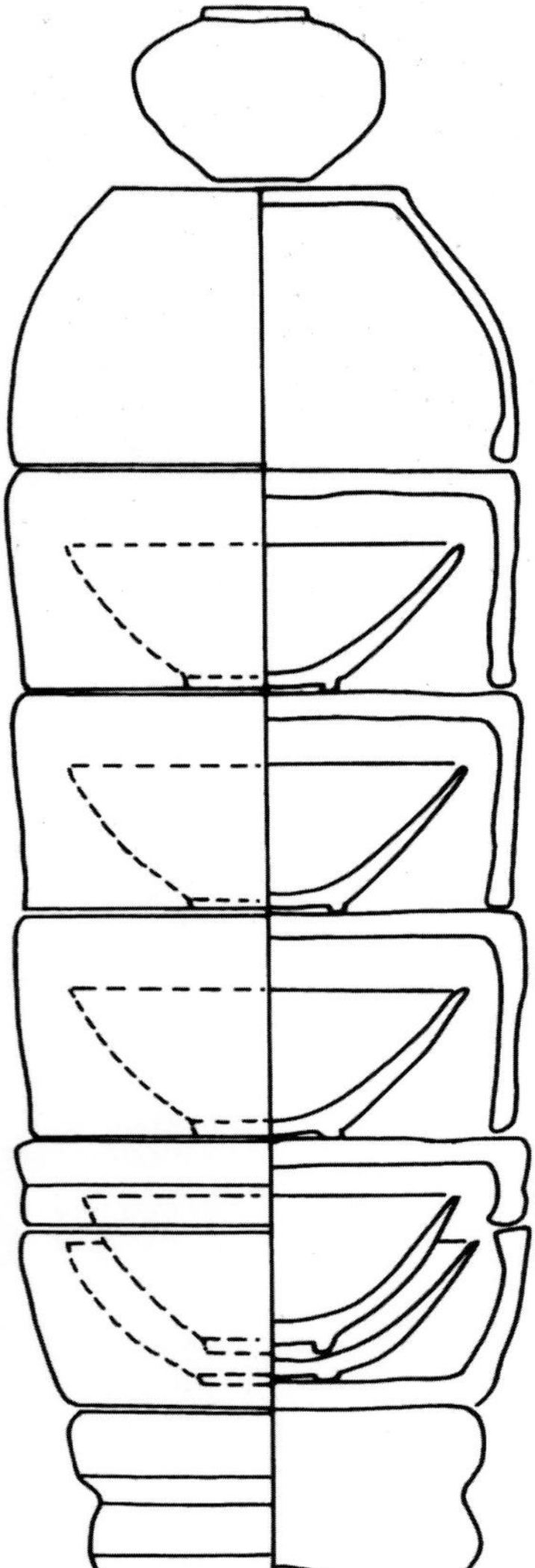

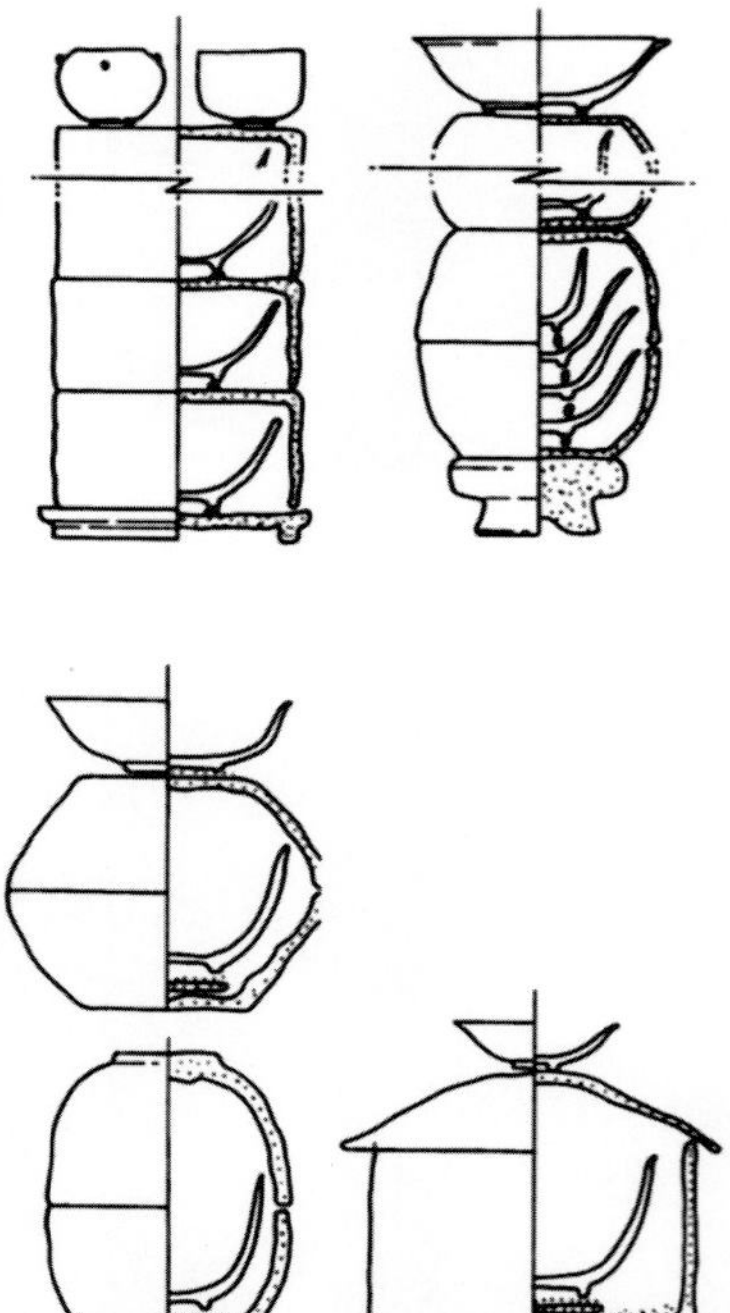

図4-1. 朝鮮白磁を入れて焼く方法
梨花大学博物館、『朝鮮白磁窯址発掘調査報告展』、
1993、72頁、図面引用

窯の中で生じる雑灰が付着しないだけでなく、還元炎状態を効果的に維持することができ、うつわの表面や色合いを美しく仕上げることができます。匣鉢を使用したうつわはとくに「匣器《カブキ》」ともいわれます。

3 陶磁器の特徴

地球上には、さまざまな民族が築きあげた多様な国家があります。これらの国々が文明国家へ発展する様相は、その土地の自然環境によってことなるため、それぞれの国家は、それぞれの風土によって形成された独自の美術史をもっています。

地理的に中国大陸の東側に位置する朝鮮半島は、アジア文化圏の中で成長してきました。四大文明発生地のひとつである中国黄河《こうが》流域に隣接しているため、中国の影響を絶えず受け、東西文化交流上の東の最終地点に位置づけられます。このような朝鮮半島の地理的条件が、外部からの文化衝撃をいつも平和的に受け入れ消化する能力を養ってくれました。四季がはっきりした美しい山河、明瞭《めいりょう》で率直な韓国人の品性は、高い文化を創造する知恵をはぐくむのに充分なものでした。

自然に順応し、自然とひとつになった土による芸術は、朝鮮半島の風土様式に負うところが大きく、まさに韓国美術そのものといえます。そのはじまりである新石器時代の櫛目《くしめ》文《もん》土器がつくられたときから、土とともにある美しい生活が展開されました。

その後、北方からもたらされた青銅器人との融合によって、多彩な模様よりも無文の実用性が好まれるようになります。無文の土器には、模様がほどこされているもの以上の表現が含まれています。また一方で、これらの土器は、生活にもちいられることで実用的な変化をとげました。二重口縁《にじゅうこうえん》、孔列文《こうれつもん》、粘土帯口縁《ねんどたいこうえん》などの意匠は、まさに生活の知恵といえます。

国家を形成し領土と民を統治した三国時代の統治者は、自ら永遠の安らぎの場を用意し、死後の世界に夢を引き継ぎました。高塚古墳から出土した大量の副葬土器はほとんどが生活容器です。これら被葬者の永遠の願いは、死後も素朴な日常生活を延長することでした。仏教が国家理念であった統一新羅時代には、唐の華麗な三彩《さんさい》土器を真似ようとはせず、表面を押印《おういん》で装飾した骨壺を石棺に入れて地に埋める、純化した仏教精神をみせています。統一新羅時代の仏教文化は、仏国寺《ブルグクサ》の釈迦塔をみてもわかるように、節度あるプロポーションと誇張のない端正な線をみせていますが、無駄のない生活の知恵を土器にも残しました。

本格的に磁器が生産されはじめた高麗時代は、中国青磁技術の影響を直接受けました。そこから良質の釉薬が開発され、素焼きと本焼きによる制作方法によって、宋青磁よりもすぐれた、透明で澄んだ翡《ひ》色《しょく》青磁を生み出すことに成功しました。これは不断の努力によって高い理想世界を実現させた翡色の美学です。澄んだ翡色は象嵌模様を鮮明に浮かび上がらせます。こうして、高麗だけの独自性が象嵌青磁に発揮されることになりました。

象嵌青磁の後を引き継いだ粉青沙器は、朝鮮王朝の成立を背景に独創的な個性を表出させました。粉青沙器の自由奔放でおどけているともいえる表現は、当時の庶民生活の一断面です。ときには抽象的な文様で、ときには形を崩した文様で発揮される飾り気のない表現能力は、自然に順応した韓国人の原初的な心情の発露です。

その後の、儒教を統治理念とした朝鮮王朝は、制度や文化の安定にともなって、国家の理想に符合した白磁や青画白磁（訳註・「青画」の他に「染付」や「青花」とも呼ばれる）を自ら直接制作しました。簡素な青画白磁の制作に心血を注ぎ、中国の多彩色磁器を受け入れることはしませんでした。「崇倹之徳」（訳註・倹約を崇ぶことを徳とする考え）を旨とした「ソンビ文化（訳註・「ソンビ」とよばれる知識人による文化）」と朝鮮の精神を、端雅《たんが》で控えめな純白磁から読み取ることができます。

韓国陶磁器の特徴は、先史時代は自然性と抽象性、三国時代は素朴な均衡美、高麗時代は透明性、朝鮮時代は自由奔放な大胆さとつつしみであると要約できます。

このように一万年の陶磁の歴史を築きあげてきた韓国人は、外部からの絶えざる影響と相互交流を通し、やきものを国内の風土や趣向に合うよう常に変化、発展させてきました。それによって、韓国陶磁器だけがもつ自然で個性豊かな特色を、絶えず創造しつづけてきました。

註

1）『中國美術辭典』〔上海辭書出版社、一九八七、三一四頁〕によると、高嶺土という用語は中国江蘇州プリャン県東方の高嶺山から良質の磁土が産出されたことに由来し、その歴史は二〇〇年を数える。高嶺土（カオリン・Ｋａｏｌｉｎ）という単語は磁器の主原料として国際的に通用するが、これは高嶺（コリョン・Ｋａｏｌｉｎｇ）という発音から出たものである。

第二章

土がかもし出す美しい暮らし
先史時代の土器

1 時代概観

韓国でいう「先史時代」とは文献記録のない時代のことをいいます。新石器時代、青銅器時代、鉄器時代、原三国時代《げんさんごく》がこれに該当します。韓国の新石器時代はおおよそ一万年前に始まり、紀元前一五〇〇年ごろ青銅器時代に移行します。

この時代の文化を代表するものは櫛目文《くしめもん》土器であり、新石器時代文化は「櫛目文土器時代文化」と規定することができます。朝鮮半島の新石器時代文化の展開は、シベリアや中国東北部一帯から数回にわたって入ってきた勢力の定着によってなされたため、櫛目文土器は、朝鮮半島、中国東北部、シベリアに分布しています（地図1．櫛目文土器分布図）。

2 新石器時代

新石器時代の人々は海岸や川岸で暮らしました。彼らは魚や貝を獲り、狩猟《しゅりょう》をしながら、食糧を貯蔵する土器を制作しました。土器は、人類が長いあいだ石器をつくりながら会得《えとく》した高度な技術と、火の作用の結合によって生み出された、人類最初の発明品であるといえます。おそらく、最初は土をこねてつくったうつわが露天の焚き火のそばで偶然に焼かれ、そこで「焼けば堅くなる」という事実が知られ

満州
豆満江
虎谷
西浦項
土城里
鴨緑江
シナムリ
ヨンヨッリ
細竹里
堂山
大同江
金灘里
智塔里
オサン里
ソウル
内坪里
江華島
漢江
ペルマン
アムサ洞
ウッルン島
黄海
錦江
洛東江
日本海
동해
界火島
光州
栄山江
釜山
東三洞
ヨンソン洞
煙台島
松島
コサン里
済州島
地図1．櫛目文土器分布図

るようになったものと思われます。土がかもし出す美しい暮らしはこのようにして始まりました（図5）。

もっとも早い時期の新石器時代土器は、済州島《チェジュド》コサン里《リ》の遺跡から出土した、わらの混ざった無文土器で、紀元前七〇〇〇年ころのものと推測されます。表面を隆起文《りゅうきもん》で装飾した隆起文土器は、新石器時代の人々の美的感覚が表現された土器であり、東南海岸の遺跡から集中的に出土しました。とくに釜山《プサン》ヨンソン洞《ドン》から出土した〈土器注口付隆起文鉢〉（図6）は、丸い注ぎ口が口縁部《こうえん》にあけられ、上段にはV字模様の隆起帯が別途つけられ、装飾されています。

また、他の装飾技法をもちいたものとしては、指で掻《か》きあげて模様をつける〈土器隆起文鉢〉（図7）があります。東海岸にある襄陽《ヤンヤン》オサン里の遺跡からは、先端の尖ったもので口縁部に穴を彫って模様をつけた〈土器口縁文鉢〉（図8）が出土しており、これには小さな高台がついています。隆起文土器や口縁文土器は紀元前六〇〇〇～五〇〇〇年ころのものと推測

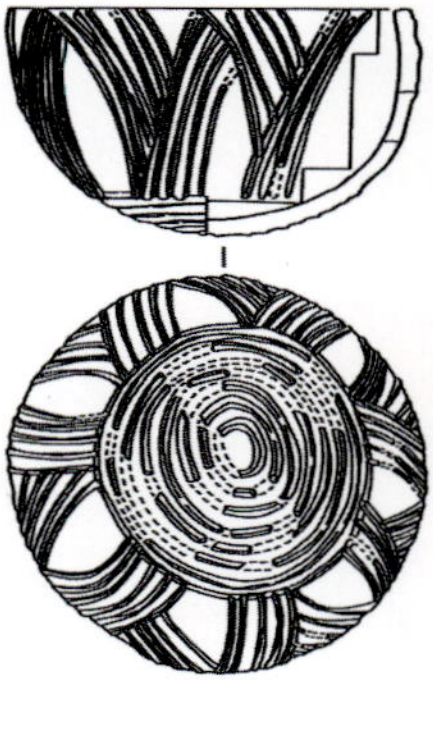

右上／図5. 露天窯の姿

右下／図6.
土器注口付隆起文鉢
新石器時代
B.C.4000年頃、
高さ12.0㎝、宝物579号
釜山ヨンソン洞貝塚、
東亜大学博物館蔵

左上／図7. 土器隆起文鉢
新石器時代
B.C.4000年頃
高さ9.6㎝、
慶尚南道煙台島貝塚
7号積石墓
国立晋州博物館蔵

左下／図7-1.
土器隆起文鉢

されます。

中西部地方を代表する新石器時代遺跡は、紀元前四〇〇〇～三〇〇〇年ころのソウルアムサ洞遺跡です。[※2]

高さが四〇～五〇センチになる〈土器櫛目文深鉢〉（図9）は、すっきりした形で余白が生かされ、櫛目文をほどこした姿は漢江《ハンガン》が波打つようすを連想させます。アムサ洞類型の櫛目文土器は全国に拡散し、三層の模様は下段から消えていき、無文土器へと進展しました。[※3]

紀元前三〇〇〇年ごろからは中国華北地方の彩色土器の影響を受け、表面文様は曲線が主となり、器底が平ら、あるいは高台のついた発達した器形へと変化します。咸鏡北道《ハムギョンブクト》一円には稲光を連想させる〈土器雷文深鉢〉（図10）があります。南海岸地域には口縁を二重にした〈土器二重口縁深鉢〉（図11）が登場し、転換期の様相を呈しています。

このように新石器時代土器は、器底が平らなもの、

図8. 土器口縁文鉢
新石器時代　B.C.5000年頃、左　高さ25.8㎝、江原道襄陽オサン里A地区V-5.1層、ソウル大学博物館蔵

図9. 土器櫛目文深鉢
新石器時代、B.C.3000年頃、高さ40.5㎝、ソウルアムサ洞、慶熙大学中央博物館蔵

高台があるもの、Ｖ字型に尖ったものなど、地域ごとの特色をみせています。

　形態は口の広い大鉢、底の深い深鉢が大部分で、うつわの表面装飾は波紋の象徴である櫛目文、穀物の粒を連想させる小さな穴を押し刻んだ口縁文、万物を甦らせる雷文など、自然から霊感を受けた新石器時代の人々の芸術世界をみせてくれます。とくにオサン里《リ》の住居址から出土した〈土製面〉（図12）は、豊饒《ほうじょう》や魔除《まよ》けといった宗教的な意味をもつ芸術作品です。

図10. 土器雷文深鉢
新石器時代
B.C.2000年頃
高さ13.9㎝
咸鏡北道チョンソン
韓国国立中央博物館蔵（以下、国立中央博物館と表記）

図11. 土器二重口縁深鉢
新石器時代
B.C.1500年頃
高さ18.9㎝
釜山東三洞２号
［金海博物館、『転換期の先史土器』(2005)、図２より転載］

図12. 土製面
新石器時代
B.C.5000年頃
高さ5.1㎝
江原道襄陽オサン里
ソウル大学博物館蔵

3 青銅器時代・鉄器時代

韓国の青銅器時代は、紀元前一五〇〇年頃から紀元前四〇〇年ころまでつづきました。この時代の文化は無文《むもん》土器に代表されます。そのため、この時代を「無文土器文化時代」と規定することができます。無文土器の出現、青銅器の使用、磨製石剣《ませいせきけん》のような武器類や半月形石刀のような道具類の使用、土着《どちゃく》農業の開始、支石墓《しせきぼ》を代表とする集団的墳墓の築造などが、この「無文土器文化時代」におこりました。（地図2．青銅器・鉄器時代の土器分布図）

無文土器文化時代前期の特色は、二重口縁に若干の模様をつけた無文土器にあらわれています。二重口縁土器は主に遼東《リャオトン》半島から鴨緑江《アムノッカン》下流に分布しており、西北地域の住民が使用しました。その影響を受け、二重口縁に刻まれた一筋の平行斜線文が特徴である〈土器無文深鉢〉（図13）がソウルのミサ洞《ドン》や可楽洞《カラクドン》遺跡から出土しました。この類型には、口縁に別途の帯を少し飛び出させ一定の溝を彫った〈土器刻目突帯文深鉢〉（図14）と呼ばれるものがありますが、これは二重口縁土器とは区別します。[※4]

咸鏡北道雄基松坪洞《ハンギョンブクドユンギソンピョンドン》から出土した土器の代表は、口縁の端の真下に一定の間隔をおいて穿《うが》った〈土器孔列文深鉢〉（図15）があげられます。このような土器は大同江《テドンガン》流域の一部を除く朝鮮半島全域で確認されており、青銅器時代を代表する作例となりました。このように、櫛目文土器を使用していた先住民は、

地図2. 青銅器・鉄器時代の土器分布図
満州
豆満江
ウンギ
鴨緑江
大同江
平壌
日本海
동해
ソウル
漢江
春川
ウッルン島
大田
扶餘
錦江
洛東江
黄海
蔚山
昌原
金海
晋州
光州
栄山江
釜山
順天
海南
済州島

図15. 土器孔列文深鉢
青銅器時代、B.C.13-8世紀、高さ33.5㎝
咸鏡北道雄基松坪洞貝塚、国立中央博物館蔵

図13. 土器無文深鉢
青銅器時代　B.C.13-8世紀、高さ36.8㎝
ソウル可楽洞、高麗大学博物館蔵

図14. 土器刻目突帯文深鉢
青銅器時代、B.C.13-8世紀、36.8㎝
慶尚南道晋州オウン1地区118号、慶南大学博物館蔵

西部地域の二重口縁土器や東北地域の孔列文《こうれつもん》土器の影響を受けながら土器を発展させていきました。

孔列文土器とともに伝播《でんぱ》されたものに「赤色磨研土器」があります。〈土器赤色磨研小壺〉(図16)は、精選された胎土で形をつくり、鉄分の多い粘土を塗って表面をよく磨いてから焼成した土器で、丸い胴に長い頸《くび》が特徴です。

赤色磨研土器の系統には〈土器彩文《さいもん》小壺〉(図17)があり、これは酸化鉄顔料《さんかてつがんりょう》で描いた曲線文が特徴で、器形は胴が短く底が丸い小壺が多くあります。石棺《せきかん》墓《ぼ》や支石墓のような墓地だけでなく、慶尚南道晋州《キョンサンナムドチンジュ》大坪里《デピョンリ》の住居址からも出土することから、儀式用ないしは実用器であったことがわかります。

松菊里《ソングックリ》式土器は扶餘《プヨ》松菊里遺跡からの出土品に代表される、長い卵形の胴に平らで小さな高台がついている土器です。〈土器無文壺〉(図18)は頸がなく、窄《すぼ》まった口縁は外側に開き、赤色を帯びています。

図16. 土器赤色磨研小壺
青銅器時代、B.C.7-5世紀、高さ13.2㎝
伝慶尚南道サンチョン、国立中央博物館蔵

図17. 土器彩文小壺
青銅器時代、B.C.7-5世紀、高さ23㎝
慶尚南道晋州、国立晋州博物館蔵

このような松菊里式土器や円形住居址の形態を基本的な文化要素とするのが「松菊里型文化」で、その背景には集約的な稲作農耕の存在があります。[※5]

松菊里類型の文化は、錦江《クムガン》流域を中心に湖南《ホナム》及び嶺南《ヨンナム》地方はもちろん、最近では京畿道《キョンギド》や江原道《カンウォンド》の一部地域でも確認されている、青銅器時代後期を代表する文化です。[※6]

青銅器時代末期には粘土帯土器や黒色磨研土器が登場し、つづいて中国戦国時代燕《えん》国の鉄器文化の影響によって、はじめて鉄器が導入、使用され、朝鮮半島も初期鉄器時代（紀元前三〜二世紀ごろ）に入ります。

この時期の〈土器円形粘土帯鉢〉（図19）は口縁の外側に丸い粘土帯を巻きつけてつくり、深鉢形が主流を成します。口縁に巻きつけられた帯の形には、円形のものと三角形のものがありますが、このうち円形粘土帯土器が先行してつくられました。〈土器黒

右／図18. 土器無文壺
青銅器時代、B.C.7-5世紀、高さ27.6㎝
忠清南道扶餘松菊里54-2号住居址
国立中央博物館蔵

左／図19. 土器円形粘土帯鉢
青銅器時代、B.C.4-2世紀、高さ17.0㎝
太田クェジョン洞、国立中央博物館蔵

色磨研長頸壺〉（図20）は表面に黒鉛を塗って磨き艶《つや》を出したもので、丸い胴、長い頸、低い高台などがその特徴です。

円形粘土帯土器と黒色磨研土器が朝鮮半島中西部に登場する歴史的背景は、中国燕国昭王（紀元前三一一〜二七九）の時代に将帥泰開が古朝鮮（訳註・朝鮮最初の部族国家。朝鮮半島西北部に位置し、紀元前一〇八年、漢の武帝が漢四郡を設けるまでつづく）に侵攻し、避難民が錦江流域や漢江流域、それに忠清道《チュンチョンド》西海岸地域などに集団移住することによってはじまったとする見解があります。いずれにせよ、これら土器の起源は中国遼寧《りょうねい》地域にあり、韓国の細形銅剣文化がそれを受け入れる基盤になりました。※7

粘土帯土器は三国時代の山城《やましろ》が築かれた高地から出土する場合が多く、高地性遺跡の性格については、狩猟の拠点であったとする説と初期粘土帯土器移住民が先住民との摩擦を避けて山の上に定着したものの、徐々に平地に進出するようになったとする説があります。

どちらにせよ、高地性粘土帯土器遺跡は、その後の時代の社会がみせる複雑性の土台を備えており、一定の地域を統制、防御できる拠点的な施設であったとする見解があります。いずれにしても初期鉄器文化は、短期間に全体的な社会構造的転換をなしとげさせる促進剤でした。※8

このように無文土器は、櫛目土器の伝統のうえに、中国東北地方からの数度にわたる新しい文化の影響を受けて制作された土器です。形態は曲線的で、装飾文がない代わりに口縁を補強し、使いやすさが強調されました。前期は二重口縁に斜線文、刻目突帯文土器、口縁下の孔列文土器などが流行し、中期には端雅な松菊里《ソングックリ》式土器が特色を成しています。中国遼東からの第二の文化伝播は黒色磨研土器文化を

生み出し、鉄器文化時代へと発展しながら、つづく三国時代への基礎が整えられました。[※9]

無文土器文化時代の精神と物質世界を総体的にみせてくれるのは、慶尚南道《キョンサンナムド》蔚山《ウルサン》の〈盤亀台《パングデ》岩刻画〉（図21）です。鯨《くじら》、虎、猪《いのしし》、鹿など水陸の動物、祭司長のような人物、海に出かける舟に乗った人間などは、無文土器文化を作り上げた青銅器時代人の理想世界や生活像をよく表現しています。

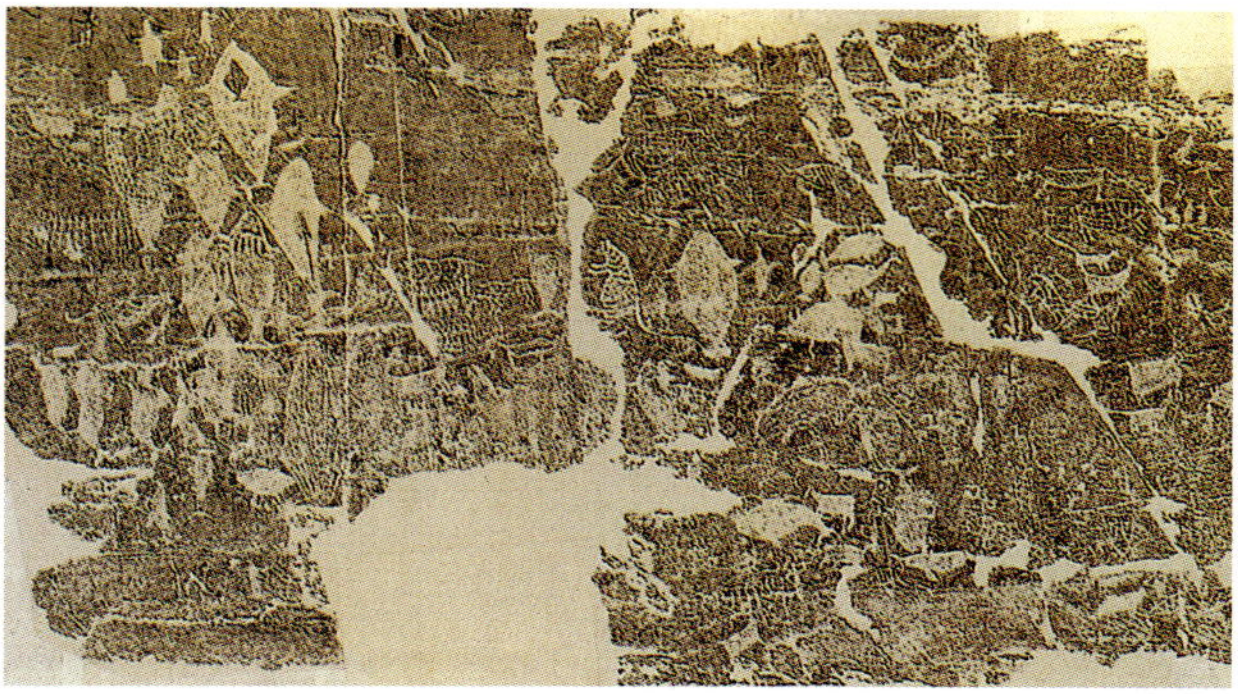

左／図20
土器黒色磨研長頸壺
青銅器時代
B.C.4-2世紀
高さ22.1㎝
大田クェジョン洞
国立中央博物館蔵

上／図21. 盤亀台岩刻画
青銅器時代
蔚山広域市大谷里
東国大学、『盤亀台』
1983、図面引用

4 原三国時代

原三国時代は本格的な古代国家の成立以前の段階であり、紀元前一世紀から紀元三世紀までをいいます。政治的には古朝鮮、衛氏朝鮮（訳註・燕から渡来した衛満が建国した朝鮮の国家）とつづき、鉄器文化を基盤とした強力な連盟体を形成していった時期です。[※10] このような過渡期《かとき》は、古朝鮮後期から衛満朝鮮を経て漢四郡《かんのしぐん》の楽浪《らくろう》につづきます。この時期、漢江以南は七十八の小国が存在する馬韓、辰韓、弁韓の三韓時代でした。これらの中から中心勢力として登場した百済や新羅が占領と統合を繰り返しながら次第に古代国家へと成長します。一方、高句麗はもっとも早く、一～二世紀ごろ満州地方で、すでに古代国家段階に突入していました。この時期は鋳鉄《ちゅうてつ》技術だけでなく土器の制作においても革命的な変化がおこった時代です。露天ではなく屋根のついた登窯《のぼりがま》の出現によって、より高い温度の還元炎焼成《かんげんえんしょうせい》で灰色土器が生産できるという技術的発展をとげました。しかし、いまだ主流を成していたのは軟質土器であり、これとともに打捺文土器が制作され、地域的な様相が際立っていきます。[※11]

中部地方から出土した土器には伝統を受け継いだ形態にくわえ、打捺文土器、灰黒色無文土器などの新しい類型があります。伝統形態の継承としては〈土器中島式無文壺〉（図22）が代表的です。江原道《カンウォンド》春川《チュンチョン》市中島《チュンド》から出土したために「中島」と名づけられました。[※12] この土器の形は、底が平ら、胴は卵形でやや細長く、胴の上部がもっとも幅広で、口の部分は広く外に開いており、従来の無文土器よりも堅く焼かれています。

新しく登場した打捺文土器には「蓆文《むしろ》」または「格子《こうし》文」が捺《お》されています。形は丸く、量感があって豊かさを感じさせ、同じ文の繰り返しは現代抽象美術をみるようです。〈土器縄蓆文丸壺〉(図23)がその好例です。打捺文土器の分布地域は、江陵《カンヌン》、水原《スウォン》、済州《チェジュ》島にいたるまで、全国にわたっています。

嶺南地方の土器では、いわゆる瓦質《がしつ》土器が有名です。[※13] 瓦質土器は美しい肌に灰色を帯びた土器で、瓦のようになめらかであるという特徴からつけられた名です。瓦質土器は、主に慶州《キョンジュ》、大邱《テグ》、城山《ソンサン》、金海《キメ》など慶尚道《キョンサンド》地域一円の墓から出土し、住居址からも出土しています。伝統的な長頸壺の肩に牛角形の装飾がつけられ、すっきりしたラッパ口の形をしている〈組合式牛角形把手付長頸壺〉(図24)や、〈土器小袋形壺〉(図25)が代表的です。

図23. 土器縄蓆文丸壺
原三国時代、1-3世紀、高さ34.9㎝
江原道春川中島1号住居址、国立中央博物館蔵

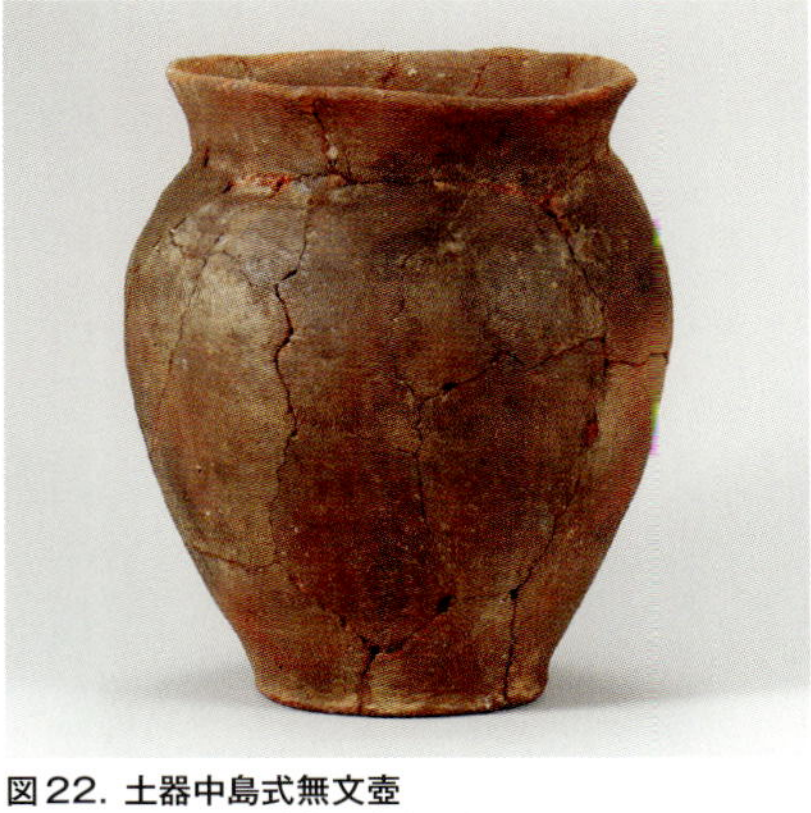

図22. 土器中島式無文壺
原三国時代、1-3世紀、高さ23.0㎝
江原道春川中島1号住居址、国立中央博物館蔵

図24. 組合式牛角形把手付長頸壺
原三国時代、1-3世紀、高さ42.6㎝、
慶尚南道金海テソン洞1-13号墳、
キョンソン大学博物館蔵

図25. 土器小袋形壺
原三国時代、1-3世紀、右高さ14.0㎝
慶尚南道昌原タホ里65・36号墳、国立中央博物館蔵

これらは、初期鉄器時代の黒色磨研土器や粘土帯土器からそれぞれ発展したものであり、長頸壺は後期にいくほど高台が高くなり装飾がほどこされるようになります。また後期には〈土器火鉢形〉や〈土器鳥形〉(図26)など造形性にすぐれた器形もつくられました。

湖南《ホナム》地方の土器では、土器窯址が一緒に発掘された海南《ヘナム》郡谷里《コンニ》の貝塚や順天大谷里の住居址から出土した土器が注目されます。海南郡谷里の貝塚からは、〈土器注口付壺〉(図27)、〈土器卵形甕〉(図28)などが出土し、その特異な器形が注目されます。順天大谷里《スンチョンテコックリ》の住居址からは〈土器長胴甕〉(図29)や内拍子(模様をたたきつけるための櫂《かい》状の道具)が出土し、住居地と土器生産区域が同じ生活空間にあったことを示しています。

以上のような初期鉄器時代を経た原三国時代への展開は、古代国家の成立過程です。赤褐色土器、粗質灰陶、硬質灰色土器などの土器は、各地域の伝統

図26. 土器鳥形
原三国時代、1-3世紀、高さ33.2㎝
蔚山チュンサン里1D-15号墳、昌原大学博物館蔵

のうえに、中国灰陶の影響によって多様な発展をとげました。無文のもの、内拍子を利用した打捺文のあるものなどがこの分野の特色となっています。また、器形はろくろの使用によって実用的な安定感を増すようになりました。これは胎土の水簸《すいひ》、ろくろ制作など、作業上の分業を意味します。窯の構造においても、地下式登窯は高度な硬質土器制作を可能にし、鉄器製作のための製鉄技術とも脈を通じています。このような状況は、特殊な生産集団による土器の大量生産を意味しており、このことからも原三国時代は、青銅器時代とはことなった社会や政治状況の変化をみせているといえます。

中国の鉄器文化とともに入ってきた土器の技術は、原三国時代を経ながら三国がそれぞれ併存する古代国家成立の背景を築きました。それゆえ、土器の技術上、様式上の特徴は、その時代の文化を端的に代弁するといえます。

図27. 土器注口壺
原三国時代、1-3世紀、高さ27.2㎝、全羅南道海南郡谷里貝塚B、国立光州博物館蔵

図28. 土器卵形甕
原三国時代、1-3世紀、高さ53.8㎝、全羅南道海南郡谷里貝塚B、国立光州博物館蔵

図29. 土器長胴甕
原三国時代、1-3世紀、高さ39.7㎝、全羅南道順天大谷里住居址、国立光州博物館蔵

註

2)林尚澤、「서해 중부지역 빗살무늬토기 편년연구(西海中部地域櫛目文土器編年研究)—신석기후기 편년세부화 시론(新石器後期編年細部化試論)」、『韓國考古學報』40[한국고고학회(韓国考古学会)、一九九九、二三〜五六頁]
同、「한반도 중부지역 신석기시대 중기토기의 양상(韓半島中部地域新石器時代中期土器の様相)」、『先史와(と)古代』13[한국고대학회(韓国古代学会)、一九九九、三一〜六一頁]

3)任孝宰、「新石器時代—토기의 시대적 변천과정(土器の時代的変遷過程)」、『韓國史論』12、韓國의(の)考古學Ⅰ・下[국사편찬위원회(国史編纂委員会)、一九八三、六一五〜六五四頁]

4)김재윤(金ジェユン)、「韓半島 刻目突帶文土器의(の)編年과(と)系譜」、『韓國上古史學報』46[한국상고사학회(韓国上古史学会)、二〇〇四、三一〜七〇頁]

5)安在皓、「中期無文土器時代의(の)聚落構造의(の)轉移」、『嶺南考古學』29[영남고고학회(嶺南考古学会)、二〇〇一、一〜四二頁]

6)金壯錫、「충청지역 송국리유형 형성과정(忠清地域松菊里類型の形成過程)」、『韓國考古學報』51[한국고고학회(韓国考古学会)、二〇〇三、三三〜五五頁]
金範哲、「금강하류역 송국리형 취락의 형성과 도작집약화(錦江下流域松菊里型聚落の形成と稲作集約化)」、『송국리 문화를 통해본농경사회의 문화체계(松菊里文化を通してみた農耕社会の文化体系)』[고려대학교 고고환경연구소편(高麗大学考古環境研究所編)、二〇〇五、八七〜一一九頁]

7)尹武炳、「韓國青銅短劍의(の)形式分類」、『震檀學報』29・30[진단학회(震檀学会)、一九六六、四一〜五〇頁]

8)盧爀眞、「점토대토기문화의 사회성격에 대한 일고찰(粘土帯土器文化の社会性格に対する一考察)—주거유적의 특색을중심으로(住居遺跡の特色を中心に)」、『한국고고학보(韓国考古学報)』45[한국고고학회(韓国考古学会)、二〇〇一、一〇一〜一二四頁]

9)朴淳發、「遼寧粘土帶文化의(の)韓半島定着過程」、『錦江考古』창간호(創刊号)[충청문화재연구원(忠清文化財研究院)、二〇〇四、三七〜六三頁]

10)李基白、『韓國史新論』新修版[一潮閣、一九九六、二五〜三三頁]

11)李盛周、「原三國時代의(の)土器의(の)類型・系譜・編年・生産體制」、『韓國古代史論叢』2[한국고대사회연구소(韓国古代社会研究所)、一九九一、二三五〜二九八頁]
崔秉鉉、「原三國土器의(の)系統과(と)性格」、『韓國考古學報』38[한국고고학회(韓国考古学会)、一九九八、一〇五〜一四五頁]

12)李弘鍾、「中島式土器의(の)成立過程」、『韓國上古史學報』6[한국상고사학회(韓国上古史学会)、一九九一、五九〜八二頁]

13)申敬澈、「釜山・慶南出土瓦質系土器」、『韓國考古學報』12[한국고고학회(韓国考古学会)、一九八二、三九〜八七頁]

第三章

理想の世界にむかって

三国時代の土器

1 時代概観

三国時代は、高句麗、百済、新羅が朝鮮半島から満州にかけて巨大な古代国家を形成した時代です。三国の建国年代は、高句麗が紀元前三七年、百済が紀元前一八年、新羅が紀元前五七年であると『三国史記』に記されています。これらは一定の領土を有し、父子相続の王位継承を確立していました。また、律令を頒布《はんぷ》し、精神的支柱として仏教を受け入れ、高度な文化を開花させました。

高句麗は満州と漢江《ハンガン》以北の領土を、百済は漢江流域から忠清道《チュンチョンド》と全羅道《チョルラド》をそれぞれ確保し、新羅は東南地域に偏《かたよ》りはしますが洛東江《ナットンガン》を中心に北は咸鏡道《ハムギョンド》の一部を占め、六六〇年ごろまで三国が併存していました。伽耶は洛東江西岸を中心に高度の文化を有していましたが、古代国家として成長できず、六世紀中ころまでに新羅に併合されました。

この伽耶を含む三国時代は、埋葬にさいし、それぞれ独自の高塚を築きました。古墳から出土した土器は、当時の支配層の副葬用器や生活用器の実態をみせてくれます。とくに伽耶土器は、伽耶という国の成立過程から、新羅と同じ時代あるいはそれ以前の土器の特色がみられます。

2 高句麗

高句麗は鴨緑江《アムノッカン》中流に位置し、はじめ太祖王《テジョ》（五三～一四六？）の時代に王位継承権が確立されました。美川王一四年（三一三年）にはハンサン郡のひとつであった楽浪郡を追い出し、大同江《テドンガン》流域を領土化することによって名実ともに国家としての体裁を整えました。小獣林王《ソスリム》（三七一～三八四）は仏教を受け入れ、律令を公布して内的な発展をはかり、広開土王（三九一～四一三）は遼東を占有し、もっとも広い領土を確保しました（現在広開土王碑が中国吉林省集安県に残っています）。長寿王は首都を国内城から平壌《ピョンヤン》に移し大帝国を建設しましたが、その後の国内的混乱と対外的圧迫に能動的に対処できず、結局、六六八年、新羅と唐の連合軍によって滅ぼされました。（地図3．高句麗時代の領域）

高句麗土器初期の様相は、鴨緑江一帯の積石塚《つみいしづか》から出土する黒色系統の軟質土器です。これらには泥《でい》質胎土《しったいど》、低火度焼成《しょうせい》、表面研磨などの特徴があり、把手《とって》のついた火鉢、壺、皿などに特色がみられます。平壌に遷都《せんと》した後、その付近の墳墓や住居址から泥質胎土を高温で焼成した土器が出土しています。[※14] これらの中で平壌市のソンシン洞《ドン》から出土した〈土器格子文壺〉（図30）の碁盤目文が異彩を放っています。ソウル夢村土城《モンチョントソン》、九宜洞《クウィドン》の堡塁《ほうるい》、アチャ山城などから出土する土器は、四七五～五五一年までの七六年間、高句麗が漢江に進出していた時期に制作されたものです。ソウル夢村土城から出土した蓋《ふた》のついた〈土器円筒形三足小壺〉（図31）、ソウル九宜洞から出土した〈土器瓶〉（図32）や〈土器環状瓶〉（図33）などが注目されます。何よりも口縁《こうえん》がラッパのように広く開き、帯状の把手が四か所についており、底が平らな〈広口長首四耳壺〉（図34）は、後期になるほどその器形が長くなる特徴をもち、高句麗土器の編年基準となります。[※15] このようにソウル一円から出土する高句麗土器は高句麗南下政策の一段面を見せてくれます。[※16] その他、忠清北道《チュンチョンブクド》チョンウオンからも高句麗の土器が出土したことがあります。

地図3. 高句麗時代の領域
北魏
満州
松花江
豆満江
広開土大王
国内城
高句麗
鴨緑江
大同江
平壌
日本海
동해
ソウル
漢江
ウッルン島
黄海
洛東江
錦江
熊津（公州）
泗沘（扶餘）
新羅
慶州
栄山江
伽耶
釜山
百済
済州島

図32. 土器瓶
高句麗、5世紀、高さ11.9cm、ソウル九宜洞堡塁
ソウル大学博物館蔵

図30. 格子文壺
高句麗、6世紀、高さ35.7cm、平壌ソンシン洞
国立中央博物館蔵

図31. 土器円筒形三足小壺
高句麗、5世紀、右高さ32.1cm、ソウル夢村土城88-6号貯蔵孔(左)、88-方形遺構(右)、ソウル大学博物館蔵

図33. 土器環状瓶
高句麗、5世紀、高さ10.7cm、ソウル九宜洞堡塁
ソウル大学博物館蔵

3 百済

百済は、紀元前一八年から六六三年まで、朝鮮半島中部から湖南《ホナム》一帯を領有した国であり、漢城（現ソウル）から熊津《ウンジン》（現公州《コンジュ》）、熊津から泗沘《サビ》（現扶餘《プヨ》）へと二度遷都しました（地図4．百済時代の領域）。百済土器は原《げん》三《さん》国《ごく》時代の土器を基礎としており、[※17] 三世紀以後、政治的成長とともに新しい器種が登場し、硬質灰青色土器へ変化する様相が明瞭です。[※18]四七五年まで都であった風納土城《プンナップトソン》や夢村土城《モンチョントソン》一帯では、打捺文が浅く刻まれた灰色軟質土器が制作されていましたが、四世紀半ば以後、端雅な形の壺などの硬質土器がつくられるようになりました。夢村土城貯蔵孔から出土した〈土器器台〉（図35）は三〜四層の段がついた一種の祭器で、これは公州宋山里《ソンサンニ》六号墳から出土した〈土器器台〉（図39参照）に先行する器形として注目されます。とくに漢江《ハンガン》流域から錦江《クムガン》流域の黒色磨研土器は、出土地域と漢城百済の政治的領域が一致しており、特殊な目的を帯びた威勢品《いせいひん》であると考えられます。天安ヨンウォン里《リ》の石槨墓《せっかくぼ》から出土した〈土器黒色磨研壺〉（図36）は、そうした威勢品とみられるものの一例です。

また、公州《コンジュ》スチョン里一号墓からは、一四匹の龍が透かし彫りされた金銅冠が出土しており、四世紀末〜五世紀初頭の、その地の政治的状況を知ることができます。それゆえ、スチョン里から出土した〈土

図34. 土器広口長頸四耳壺
高句麗、5世紀、高さ59.0㎝
ソウル夢村土城88-方形遺構
ソウル大学博物館蔵

地図4. 百済時代の領域

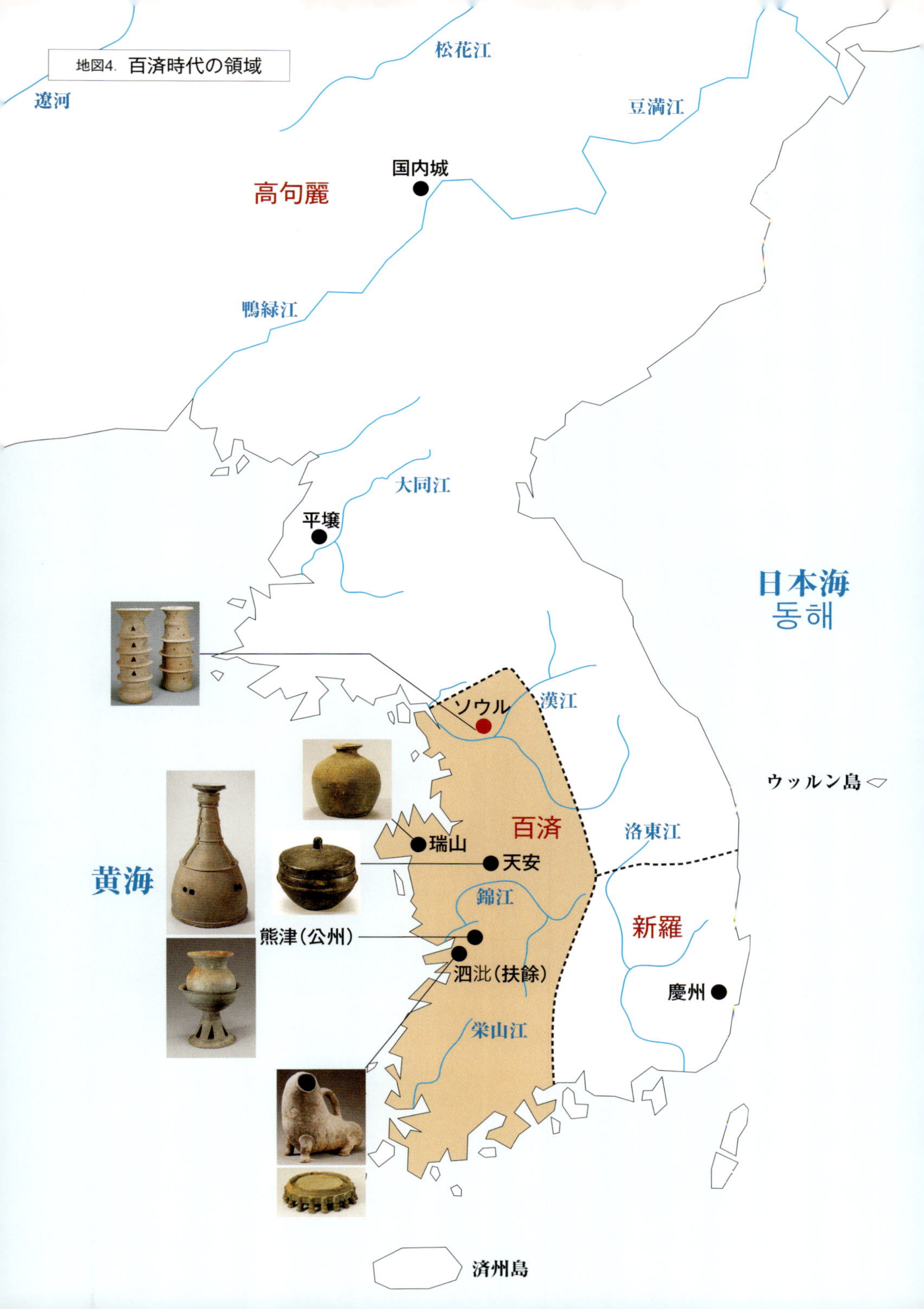
遼河
松花江
豆満江
国内城
高句麗
鴨緑江
大同江
平壌
日本海
동해
漢江
ソウル
ウッルン島
百済
瑞山
天安
洛東江
黄海
錦江
熊津（公州）
新羅
泗沘（扶餘）
慶州
栄山江
済州島

器足形器台壺〉(図37)は当時の土器文化を代表する作例といえます。

忠清北道《チュンチョンブクド》鎮川《チンチョン》三龍里《サメヨンニ》や山水里《サンスリ》には大規模な土器窯址が分布しており、発掘によって半地下式窯と地下式窯が確認されました。地下式窯は焚き口が地表から二メートル下にあり、薪が上からくべられる完全地下式窯であったことがわかります(図38)。この窯の操業時期は四世紀ごろと推定されていますが、[※19]最初は丸形壺を主に制作していました。しかし次第に卵形の壺、瓶、蓋付杯などが生産されるようになります。このことから、地方の土器文化が絶えず百済中央の土器文化とともに変化していたことがわかります。[※20]

熊津《ウンジン》百済から出土した〈三足器〉や〈土器器台〉(図39)などは、洗練された美しい器形を誇っています。泗沘百済時代には、不朽の名作〈金銅百済大香炉〉(図40)に代表される文化の黄金期を謳歌していま

図36. 土器黒色磨研壺
百済、5世紀、高さ18.6㎝
忠清南道天安ヨンウォン里
国立公州大学博物館

図35. 土器器台
百済、4世紀、右高さ49.5㎝、
ソウル夢村土城85-西北区·85-5号貯蔵孔
ソウル大学博物館蔵

した。この時期の貴族の生活を垣間みることのできる〈硯〉(図41)は、知的な学問世界と儒学の発達をものがたり、〈土器虎子〉(図42)は男性用の便器ですが、ずば抜けた造形性を発揮しています。瑞山《ソサン》ヨミ里から出土した〈土器騎馬人物文瓶〉(図43)の武者姿は絵画的で、そこから素朴な百済人の心性を読み取ることができます。この他にも、扶餘《プヨ》クァンブック里から出土した優雅な生活容器には、教養ある百済人の感性がにじみでています。

天安ヨンウォン里や公州宋山里《コンジュソンサンニ》から出土した〈土器稽首形水注〉(図44)は中国東晋との交流を意味します。また、五二九年の誌石が出土した武寧王陵《ぶねいおうりょう》からは中国製磁器が数点出土しました。〈青磁六耳壺〉(図45)は浙江《せっこう》省越州窯《えっしゅうよう》の製品です。このように中国との陶磁器交流の状況は、政治、文化の相互交換と共有を意味します。※21

図38. 鎮川山水里　土器窯全景(焚き口から見る)
百済、3-4世紀、忠清北道鎮川山水里87-7号窯址、著者撮影

図37. 土器足形器台壺
百済、6世紀、高さ21.0㎝
忠清南道公州スチョン里Ⅱ-1号木槨墓・4号石室墓、国立公州博物館蔵

図40．金銅百済大香炉
百済、6世紀、高さ64㎝、忠清南道扶餘ヌンサン里寺址
国宝第287号、国立扶餘博物館蔵

図39．土器器台
百済、6世紀、高さ73.0㎝
忠清南道公州ソンサン里6号墳
国立公州博物館

図41．硯
百済、7世紀、高さ23.5㎝、忠清南道扶餘クムソン山
国立扶餘博物館蔵

図44. 稽首形水注
百済(東晋　製品)、4世紀後半、高さ15.2㎝、口径6.9㎝、底径10.7㎝忠清南道天安ヨンウォン里
国立公州大学博物館蔵

図42. 土器虎子
百済、7世紀、高さ25.7㎝
忠清南道扶餘クンス里
国立扶餘博物館蔵

図45. 青磁六耳壺
百済(梁朝　越州窯製品)、6世紀前半、全高21.7㎝
口径11.3㎝、底径11.8㎝、蓋径13.2㎝
忠清南道公州ソンサン里　武寧王陵
国立公州博物館蔵

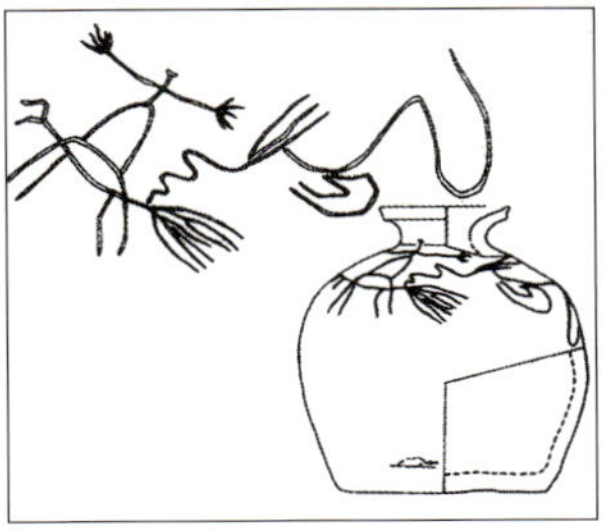

図43．土器騎馬人物文瓶
百済、7世紀、高さ15．5㎝
忠清南道ヨミ里、国立扶餘博物館蔵
図43－1．騎馬人物文瓶　図面

4 伽耶

伽耶（四二?～五六二）は、原三国時代に洛東江を中心に形成された弁韓十二国が連合して、三世紀末～四世紀初に伽耶社会に発展しました。これはある特定の勢力によって統合されたものではなく、比較的ゆるやかな連合体を構成し、たがいに活発な交易をしました。その範囲は、洛東江《ナットンガン》、蟾津江《ソムジンガン》水系、そして南海岸沿岸におよびます。伽耶国の中心は金海《キメ》の金官《クムガン》伽耶国、咸安《ハムアン》の阿羅《アラ》伽耶国、高霊《コリョン》の大伽耶国、コソンの古自国、陜川《ハプチョン》の多羅《タラ》国、チャンニョンの比斬伐国《ピサボルグック》の六か国です（地図5、六伽耶時代の領域）。

伽耶の土器文化は、初期の木棺《もっかん》墓や後期の木槨《もっかく》墓から出土する多様な土器にみることができます。金官伽耶の早い時期の土器文化をみせてくれるものとしては、昌原《チャンウォン》タホ里の遺跡があり、釜山《プサン》や金海一帯に金官伽耶全盛期の状況を示しています。釜山福泉《ボクチョン》洞古墳出土の〈土器器台壺〉（図46）は密接平行線文と二重半円輪状形の線刻がほどこされており、騎馬人物と角杯を組み合わせた〈土器騎馬人物形角杯〉（図47）は、各部分の大きさの比率が適切なだけでなく、その当時の武者の姿を彷彿《ほうふつ》とさせてくれます。

図46. 土器器台壺
伽耶、4-5世紀、高さ19.6㎝
釜山福泉洞57号
釜山大学博物館蔵

地図5. 六伽耶時代の領域

高霊《コリョン》の大伽耶は金銅冠が出土した高霊池山洞《チサンドン》三二号墳をはじめとするさまざまな墳墓から出土した器台、長頸壺、壺、小壺などに高霊系統土器の特徴がみられます。池山洞三二号墳出土の〈土器器台壺〉(図48)は、細く狭い線文と高台の透かしが特徴です。

咸安《ハムアン》(阿羅《アラ》伽耶国)のコチョン古墳は政治勢力の象徴です。トハン里《リ》やマルサン里一帯の古墳から出土した「工」字形高杯、火炎形透かし高杯、火鉢形土器などは「咸安式土器」と命名される独特な特徴をもっています。〈土器工字形高杯〉(図49)は、「工」の字のように高杯《たかつき》の頸が長く、そこに小さな透かしがあるのが特徴です。〈土器火炎形透彫高杯〉(図50)は、高台に火炎模様の透かしがほどこされており、咸安一帯から主に出土します。〈土器竹筒形杯〉(図51)は金海《キメ》、馬山《マサン》、咸安などから共通して出土する、酒や飲物を入れたと考えられる興味深い器形です。

表面に透かしを入れ二重につくられた小壺は、製作の妙味をみせてくれる〈土器異形小壺〉(図52)です。

この他、「大王」の銘文が刻まれた〈「大王」銘長頸壺〉(図53)は、王と関連する土器である可能性が高く、

図48. 土器器台壺
伽耶、5世紀、高さ64.8㎝
慶尚北道高霊池山洞32号祭祀遺構
啓明大学博物館蔵

図47. 土器騎馬人物形角杯
伽耶、5-6世紀、高さ23.2㎝
慶尚南道金海トクサン、国宝275号
国立中央博物館蔵

注目を集めています。

これらの伽耶土器は、次に取り上げる新羅土器と一定部分、形や文様を共有しています。

図49. 土器工字形高杯
伽耶、4世紀、右高さ15.5㎝
慶尚南道咸安ファンサ里30・29号
慶尚大学博物館蔵

図50. 土器火炎形透彫高杯
伽耶、5世紀、右高さ19.9㎝、慶尚南道咸安トハン里10号・馬山ヒョン洞59号、昌原文化財研究院・昌原大学博物館蔵

図51. 土器竹筒形杯
伽耶、5世紀、高さ13.4㎝
慶南金海ヤン洞106号
東義大学博物館蔵

図52. 土器異形小壺
伽耶、4-5世紀、左高さ13.4㎝
慶尚南道陜川チョポB-6号
昌原大学博物館蔵

図53. 土器「大王」銘長頸壺
伽耶、6世紀、高さ19.6㎝
伝慶尚南道陜川サムガ、忠南大学博物館蔵
図53-1. 「大王」銘長頸壺　銘文細部

5 新羅

新羅は辰韓十二国のひとつであった斯盧《サロ》がその母体です。智證《チジュン》王（五〇〇～五一三）のとき国名を新羅と呼び、法興《ポプフン》王（五一四～五三九）のときに律令《りつりょう》を頒布《はんぷ》し、仏教を公認しました。そして眞興《チンフン》王（五四〇～五七五）が金官《クムガン》伽耶と大伽耶を併合して大帝国を築きあげました（地図6、新羅時代の領域）。新羅のきらびやかな文化については、専制王権の象徴である五世紀の積石木槨《つみいしもっかく》墓から出土した莫大な量の副葬土器や装身具が代弁してくれます。六世紀以後には高句麗の影響で横穴式石室墓がつくられますが、そこから出土する土器はいわゆる「慶州形土器」に統一されており、地域色が消滅しています。[※22]

新羅土器は摂氏一〇〇〇度以上で焼かれた金属のように堅い土器です。回転盤から次第にろくろを使用するようになっていき、とくに表面がすべすべしているのは、高温によって胎土《たいど》に含まれている珪酸《けいさん》がガラス質化したからです。形態は高杯、長頸壺、異形土器などに特色がみられます。無文が主流ですが、鋭利な陰刻技法によって三角形の縁取りの中に刻まれた目の詰んだ平行線と、コンパスのような道具を使って描かれた半円文が特徴的です。うつわの頸や胴に回転線を入れて文様を区分けし、表面装飾の効果をあげています。また、土偶土器は新羅人の呪術的な心性をありのままに表現しています。

新羅土器の変遷は二五〇年ころからはじまり、一〇〇年単位でおおよそ四期に分けることができますが、長頸壺と高杯がその編年基準になります。

地図6. 新羅時代の領域

松花江
遼河
豆満江
白頭山
国内城
磨雲嶺碑
黄草嶺碑
鴨緑江
高句麗
大同江
平壌
日本海
동해
ソウル
漢江
新羅
黄海
北漢山碑
ウッルン島
錦江
洛東江
泗沘（扶餘）
百済
慶州
栄山江
昌寧碑
済州島

初期には伝統様式をみせる壺が制作されており（図54）、高杯は透かしがほどこされておらず、蓋のないのが特徴です。

前期には高杯の台に一段か二段の段をつけ、何気ない小さな透かしを彫った四柱式へと発展し、各種の文様がほどこされました（図55）。〈土器長頸壺〉（図56）は三角形の中に目の詰んだ平行線文が整然と彫られ、高台や蓋のつまみに透かしがほどこされた、端雅さを特色とした壺です。

中期以後は高杯の高台が低くなり、生活容器として定着します。[※23]

〈土器土偶装飾壺〉（図57）は素朴な彫刻手腕と呪術的な生活の断面をみせてくれますが、このような例は馬と鹿を線刻で描いた〈土器動物文長頸壺〉（図58）でもみることができます。さまざまな異形土器の中でも四世紀頃の〈土器切妻家形〉（図59）からは当時の建築様式の一面を垣間みることができます。ロバに乗って野で遊ぶ〈土器騎馬人物形〉（図60）は当時の服

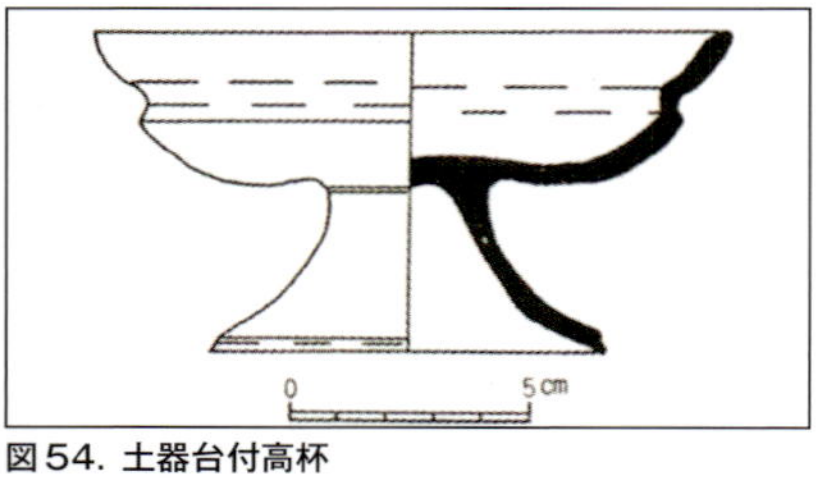

図54. 土器台付高杯
新羅、4世紀、慶尚南道金海府院洞出土、
国立慶州博物館蔵

図56. 土器長頸壺
新羅、6世紀、高さ48.5㎝、出土地不明
国立中央博物館蔵

図55. 土器高杯
新羅、6世紀、右高さ25.6㎝
慶州ウォルソンノフ11-1号
国立慶州博物館蔵

飾や交通手段を、また、民俗的意味をもつ〈土器わらじ形杯〉(図61)からは生活史を読み取ることができます。

このように、新羅土器は伽耶土器とほとんど区別ができませんが、慶州《キョンジュ》で制作された土器には新羅だけがもつ特徴があります。慶州ソンゴック洞《ドン》・ファゴック里《リ》・ファサン里《ニ》、そして大邱《テグ》のウクス洞・オクサン洞などから新羅土器の窯や工房といった大規模生産遺構が発掘され、窯の構造だけでなく胎土の水簸《すいひ》、ろくろ回しなどの分業生産体制を知ることができるようになりました(図62)。

図57-1　土偶装飾壺　細部

図57. 土器土偶装飾壺
新羅、5世紀、高さ34.0㎝、
慶州キェリムノ30号、国立慶州博物館蔵

図58. 土器動物文長頸壺
新羅、6世紀、高さ41.2㎝
伝蔚山シムグァン里
国立中央博物館蔵

図58-1. 土器動物文長頸壺
裏面細部

図 59. 土器切妻家形容器
新羅、6 世紀、高さ 35.0㎝
出土地不明、サムスン美術館リウム蔵

図 61. 土器わらじ形杯
新羅、5 世紀、右高さ 16.0㎝、釜山ポクチョン洞 53 号、釜山市立博物館蔵

図 60. 土器騎馬人物形容器
新羅、5-6 世紀、高さ 23.5㎝、国宝 31 号
慶州クムリョンチョン、国立中央博物館蔵

図 62. 大邱ウクス洞·慶尚北道慶尚オクサン洞土器窯全景、新羅、
5-6 世紀、著者撮影

註

14)朴淳發、「高句麗土器의(の)形成에 대하여(について)」、『百濟研究』29〔忠南大學校百濟研究所、一九九九、一～二六頁〕

15)耿鐵華・林至德、「集安高句麗陶器的初步研究」、『文物』1984-1〔文物出版社、一九八四、五五～六三頁〕
魏存成、「高句麗四耳展沿壺的演變及有關的幾個問題」、『文物』1985-5〔文物出版社、一九八五、七九～八四頁〕

16)崔鍾澤、「南韓地域高句麗土器의(の)編年研究」、『先史와(と)古代』24〔한국고대학회(韓国古代学会)、二〇〇六、二八三～二九九頁〕

17)韓志仙、「百濟土器成立期様相에 대한(に対する)再検討」、『百濟研究』41〔충남대학교백제연구소(忠南大学百済研究所)、二〇〇五、一～三一頁〕

18)김성남(キムソンナム)、「中部地方三～四世紀古墳群細部編年」、『百濟研究』三三〔충남대학교백제연구소(忠南大学百済研究所)、二〇〇一、一一〇～一六二頁〕

19)崔秉鉉외(他)、「제2부 분석과 고찰(第二部分析と考察)」、『鎭川三龍里・山水里土器窯址群・본문(本文)-』〔韓南大學校中央博物館、二〇〇六、四六三～五一七頁〕

20)成正鏞、「中西部地域原三國時代土器様相」、『韓國考古學報』60〔한국고고학회(韓国考古学会)、二〇〇六、一二〇～一三七頁〕

21)李鍾玟、「百濟時代輸入陶磁의(の)影響과(と)陶磁史的意義」、『百濟研究』27〔충남대학교백제연구소(忠南大学百済研究所)、一九九七、一六五～一八四頁〕
成正鏞、「百濟와(と)中國의(の)貿易陶磁」、『百濟研究』38〔충남대학교백제연구소(忠南大学百済研究所)、二〇〇三、二五～五六頁〕
정상기(チャンサンギ)、「武寧王陵출토(出土)中國陶磁에 대한 검토(に関する研究)」、『武寧王陵출토유물 분석보고서(出土遺物分析報告書)Ⅱ』、〔(국립공주박물관(国立公州博物館)、二〇〇六、一八六～二一九頁〕

22)洪潽植、「Ⅵ・墓制變化와(と)地域社會」、『新羅後期古墳文化研究』〔춘추각(春秋閣)、二〇〇三、二七九～三〇〇頁〕

23)金元龍、「土器 - 新羅」、『韓國史論』15、한국의 고고학(韓国の考古学)Ⅲ〔국사편찬위원회(国史編纂委員会)、一九八五、二九九～三三五頁〕

李熙濬、「토기에 의한 신라고분의(土器による新羅古墳の)分期와(と)編年」、『韓國考古學報』36〔한국고고학회(韓国考古学会)、一九九七、四五～一〇〇頁〕

第四章

生活の知恵をただよわせて
統一新羅時代の土器

1 時代概観

三国を統一した新羅は、高句麗の領土を大部分失いながらも、民族と文化の自主的な統一国家を建設しました。この期間を統一新羅時代(六六八〜九三五)といいます。一方、高句麗の遺民は六九九年満州に渤海を建て、統一新羅と渤海の二国体制をつくり出しました(地図7．統一新羅と渤海時代の領域)。国家の政治理念は仏教であり、高度の仏教文化を展開させ、仏教文化を代表する石窟庵《ソックラム》と仏国寺《ブルグクサ》をつくりあげた時代です。墓制は石積木槨《いしづみもっかく》墓から横穴式石室墓に変わり、これにともない埋葬風習として火葬文化が定着しました。多くの土器を副葬品とする風習は徐々になくなり、代わって骨壺が流行しました。統一新羅時代の土器は、石室墓出土の土器、骨壺、月池《ウォルチ》(訳註・迎賓館の名。雁鴨池＝アナプチとも)や寺址から出土する生活器皿、窯址で収集される生産品などを通して、その状況を知ることができます。

2 土器の特徴

統一新羅時代土器の特色は、三国時代土器の伝統のうえに立ちながらも、国際交流を通して地域性から抜け出たところにあります。その好例が、外来的な色彩が濃く出ている各種押印《おういん》文です。このような現象が起きたのは、国際性を帯びた唐との交流だけでなく、海上国家である統一新羅が国際間の幅広い

地図7. 統一新羅と渤海時代の領域

交流を活発に展開したからです。押印文土器の特徴は、盒《ごう》（訳註・蓋つきの鉢。蓋は裏返すと皿としても使用できる）、鉢、瓶などの生活器や骨壺に際立ってみられ、そこでは、それまで流行していた鋭利な線刻文は次第に消えていきます。

生活器の特徴は、王京《おうきょう》地区から出土した〈土器各種瓶〉（図63）、〈土器盒・蓋〉（図64）にあります。月池《ウォルチ》から出土した、鳥が押印された〈土器焜炉《こんろ》〉（図65）は当時の生活様式の一面を、また、月池から出土した〈土器「椋司」銘硯〉（図66）や京畿《キョンギ》道揚州《ドヤンジュ》テモ山城から出土した〈土器水滴〉（図67）は学問世界の一面を、それぞれみせてくれます。

副葬用器には、摂氏七〇〇～八〇〇度ほどで美しい色合いを出す鉛釉をほどこした土器が流行しました。これら鉛釉土器は、主に仏教式荼毘《だび》にふした歴代王たちの遺骸を埋葬するための〈土器骨壺〉（図68）

上／図63. 土器各種瓶
統一新羅、8世紀、上高さ21.8㎝
慶州ワンギョン地区、国立慶州文化財研究所蔵

中／図64. 土器盒·蓋
統一新羅、8世紀、上高さ14.5㎝
慶州ワンギョン地区、国立慶州文化財研究所蔵

下／図65. 土器焜炉
統一新羅、8世紀、底径30.2㎝
慶州月池、国立慶州博物館蔵

として使用されました。

〈土器「元和十年」銘小骨壺〉(図69)は、慶州《キョンジュ》の閔哀《ミネ》王陵付近で発見されました。この小さな、何本かの横線が引かれただけの骨壺は、八一五年という制作年が明らかな、九世紀初頭の小骨壺を代表するものです。九世紀中・後期になると、上下を縛るための結び輪がつけられ、蓋にまで各種印花文が刻まれるようになり、この種のものが絶頂期を迎えます。[※24]

土器に刻まれた銘文は多くの情報をもたらしてくれますが、月池から出土した〈土器「四斗五刀」銘瓶〉(図70)は、容量の基準を意味するものではないかと思われます。とくに、月池から出土した〈土器「言貞茶」墨書銘碗〉(図71)は、銘文からみて当時の茶碗に違いありません。このほか〈土器十二支骨壺〉(図72)は、

上／図66
土器「椋司」銘硯
左／図66-1
土器「椋司」銘硯
銘文細部
統一新羅、8世紀
直径16.5cm、慶州月池
国立慶州博物館蔵

図67. 土器水滴
統一新羅、8世紀、高さ3.9cm
京畿道揚州テモ山城、翰林大学博物館蔵

図69. 土器「元和十年」銘小骨壺
統一新羅、815年、高さ22.8㎝、
慶州閔哀王陵付近、国立慶州博物館蔵

図68. 土器骨壺　外壺
統一新羅、8世紀、高さ39.0㎝、
慶州南山、国立慶州博物館蔵

図69-1.
「元和十年」銘小骨壺
銘文細部

図68-1. 土器骨壺　内壺
統一新羅、8世紀、高さ18.0㎝、
慶州南山、国立慶州博物館蔵

さまざまな印で装飾した壺で、肩の部分に十二支の方位が刻んであります。これは、金庾信《キムユシン》墓などをはじめとした統一新羅時代の王陵を護るために建てられた、十二支を彫刻した石像(護石)と同じ意味をもつものでしょう。

生活器を生産した忠清南道保寧眞竹里《チュンチョンナムドポリョンチンチュンリ》の土器窯址は九世紀ごろのものと推定されますが、壺、帯文瓶、蓋などに特異な曲線美がみられます。細い線と太い線から成る〈土器帯文瓶〉(図73)はここでの特徴のひとつです。

また、統一新羅時代の活発な国際交流の結果、多様な中国陶磁器が各地の遺跡から出土しており、これは唐と国際文化を共有していたことを意味します。慶州拜里三陵《キョンジュペリサンヌン》付近から出土した〈骨壺〉(図74)は、統一新羅土器を外壺とし、中国湖南省の製品である壺や越州窯《えっしゅうよう》の製品である青磁鉢を内壺として使用しました。[※25] また、中国河北省邢窯《かほくしょうけいよう》の〈白磁蛇の目高台碗〉

右/図70.「四斗五刀」銘瓶
統一新羅、8世紀、高さ59.5㎝、慶州月池
国立慶州博物館蔵

上/図70-1.「四斗五刀」銘瓶
底　銘文細部

図72. 土器十二支骨壺
統一新羅、8世紀、高さ25.5㎝、国立中央博物館蔵

図72-1. 土器十二支骨壺　銘文細部

図73. 土器帯文瓶
統一新羅、9世紀、忠清南道保寧眞竹里
土器窯址、忠南大学博物館蔵

図71. 土器「言貞茶」墨書銘碗
統一新羅、9世紀、高さ6.8㎝、
慶州月池、国立慶州博物館蔵

図71-1. 土器「言貞茶」墨書銘碗　別面

や定窯《ていよう》の白磁が寺址や月池から出土しており、白磁に対する新羅人の好みを知ることができます。このほか、慶州《キョンジュ》チョヤン洞《ドン》の墓から出土した〈三彩小骨壺〉（図75）に典型的な唐三彩《とうさんさい》であり、両国の交流を端的に物語る一例です。[※26]

以上、これまでみてきたように、統一新羅時代は仏教文化が絶頂期にあり、中国各地の青磁や白磁を使用することによって、土器から磁器へ、制作意欲が自然と成熟していった時代であるということがうかがい知れます。

図74. 青磁内壺
統一新羅
（唐越州窯製品）、
9世紀、高さ23.8㎝
慶州拝里三陵付近、
国立慶州博物館蔵

図74-1. 骨壺
青磁内壺
新羅土器外壺

図75. 三彩小骨壺
統一新羅（唐製品）、9世紀、高さ16.5㎝、
慶州チョヤン洞、国立慶州博物館蔵

24）홍보식（ホンボシック）、「통일신라연결고리유개호의 발생과전개（統一新羅連結耳有蓋壺の発生と展開）」、『한국상고사학보（韓国上古史学報）』50〔한국상고사학회（韓国上古史学会）、二〇〇五〕二三～五三頁

25）강경숙（姜敬淑）、「慶州拜里出土土器骨壺小考」、『三佛金元龍教授停年退任紀念論叢（Ⅱ）』〔一志社、一九八七〕二一五～二二二頁

26）金載悅、「통일신라 도자기의 대외교섭（統一新羅陶磁器の対外交渉）」、『統一新羅美術의（の）對外交渉』〔한국미술사학회（韓国美術史学会）、二〇〇一〕、一一一～一四二頁

第五章

優雅な翡色の美学

高麗時代の陶磁器

1 時代概観

高麗（九一八～一三九一）は、後三国時代に分列した情勢の中で渤海の遺民までも吸収し、朝鮮半島を再び統一した国家です。首都を松都（現開城《ケソン》）に定め、北方へ進出する活気にあふれた政策をたてました（地図8．高麗時代の領域）。高麗の初期政治形態は豪族の連合政権でした。六代成宗《ソンジョン》（九八一～九九七）の時代になってからはじめて中央政権的な政治体制がととのえられ、これにもとづいて、地方豪族は新しい支配階層として登場し、貴族社会を形成するにいたりました。

高麗は宋との文化交流を持続させる一方で、遼《りょう》を打ち立てた契丹《きったん》とも友好関係を維持しました。それゆえ、発展期に入った十一世紀の高麗陶磁は、宋と遼双方の陶磁の影響を受けています。このように、高麗は統一新羅の伝統的な技術のうえに中国陶磁の技術と様式を上手に消化、吸収し、十二世紀以後翡《ひ》色《しょく》青磁と象嵌《ぞうがん》青磁において、独自の発展をとげました。

一一七〇年の「武臣の乱」は高麗文臣貴族の文化を変質させます（訳註・武臣は、武をもって君主に仕える臣下のこと。文臣は文をもって仕える臣下）。青磁の制作においては、深く透明な無文の翡色青磁よりむしろ象嵌青磁の生産が本格化しました。武臣政権時代にはじまったモンゴルの進入は一二三一年から三〇年間つづき、結局、モンゴルが築いた元《げん》（一二六〇～一三六七）とは平和条約を締結しその支配下に入りました。それ以後、高麗後期は元の風習が国内に蔓延《まんえん》するようになり、陶磁工芸は新しい器形と文様が登場していきました。

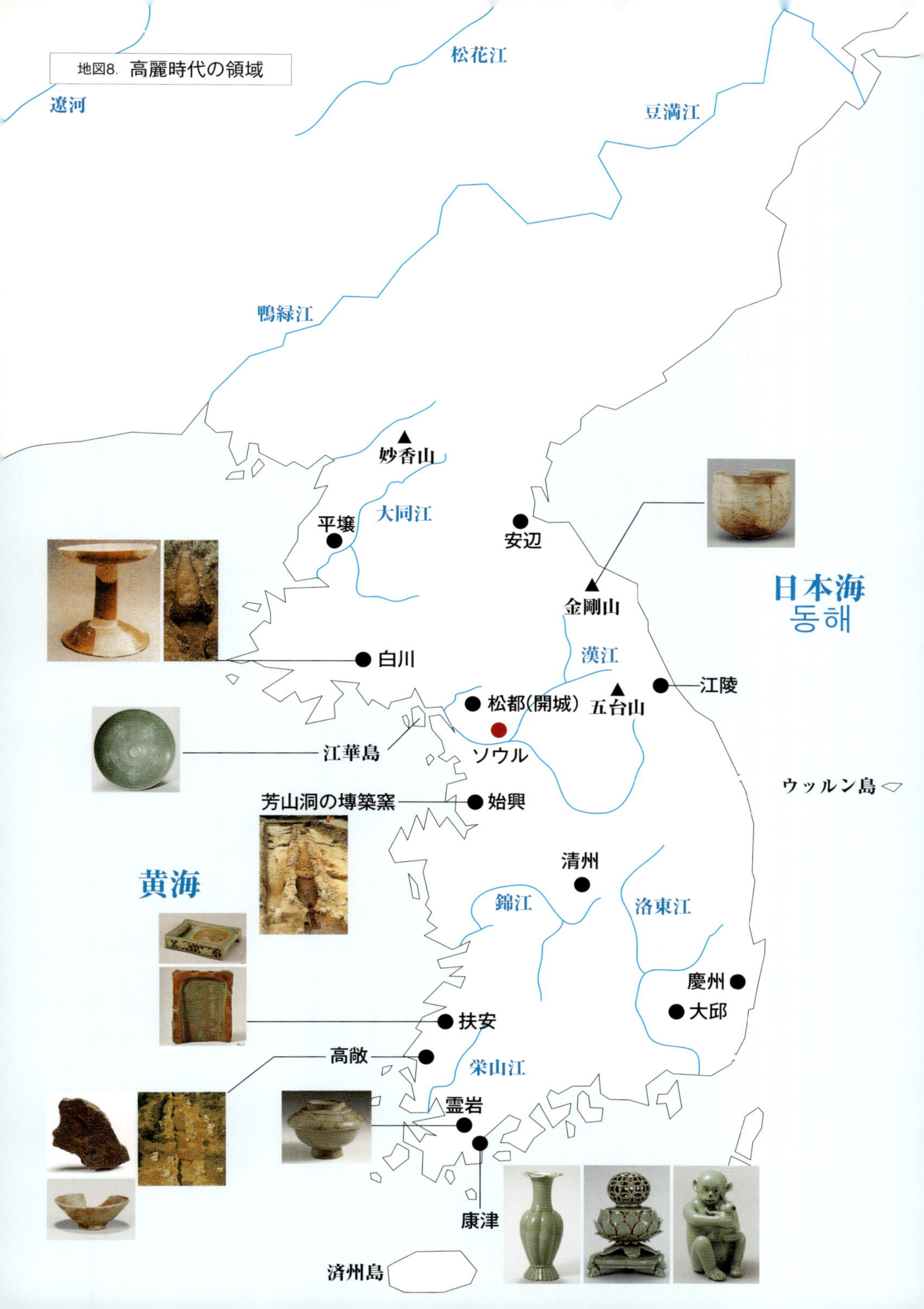

地図8. 高麗時代の領域
遼河
松花江
豆満江
鴨緑江
妙香山
大同江
平壌
安辺
日本海
동해
金剛山
白川
漢江
江陵
松都(開城)
五台山
江華島
ソウル
ウッルン島
芳山洞の塼築窯
始興
清州
黄海
錦江
洛東江
慶州
大邱
扶安
高敞
栄山江
霊岩
康津
済州島

武臣政権下で成長した大地主勢力は国家の経済をむしばむ要因となりました。このような矛盾を改革しようと努力した恭愍王《コンミン》(一三五一～一三七四)の改革政治は結局失敗に終わりましたが、十四世紀後半から現実問題に批判的な立場をとりながら成長した士大夫新進勢力が別の文化背景を生み出し、朝鮮時代へと移行しました。

2 高麗陶磁の特徴

高麗陶磁の種類は、青磁、白磁、黒釉磁、鉄釉磁、土器などに分類されます。青磁は高麗陶磁の中心であって、無文青磁、象嵌青磁、鉄画青磁、鉄彩青磁、銅画青磁などに区分できます。この他に、建築材料として青磁瓦、タイルのような陶板があり、家具としては墩《とん》(訳註・太鼓形の椅子)があります。

青磁の特徴は翡色、象嵌技法、そして、美しい文様と形にあります。翡色に関しては宋の太平老人《たいへいろうじん》や徐兢《じょきょう》の意見が注目されます。太平老人はその著書『袖中錦』で、宋青磁をさし置いて、高麗青磁の翡色を天下第一と記述しており、高麗翡色の美しさが国際的に認められていたことがわかります。また、一一二三年、仁宗王《インジョン》即位年に宋の使節として訪れていた徐兢は彼の見聞記『宣和奉使高麗図経《せんわほうしこうらいずきょう》』で「陶器の色が青いのを高麗人は翡色という」と記録しています。徐兢が「……翡色という」と強調しているのは、太平老人が宋青磁をさし置いて天下第一の中のひとつが「高麗秘色」としたのと同じ脈絡です。当時の中国では青磁の青を「秘色」と表記していましたが、徐兢が高麗人がたたえる「翡色」と表記した点は注目されます。
翡色青磁には無文のものがあり、表面装飾には陰《いん》刻《こく》と陽刻《ようこく》があります。また、彫刻作品のような象形青磁や透刻《とうこく》（透かし彫り）青磁があります。

〈青磁瓶〉（図76）は、無文の翡色に落ち着きがあり、安定した形がかもす格調は卓越しています。陰刻のさい、鋭利な刃物で細く繊細に彫る技法を駆使した〈青磁陰刻蓮花折枝文梅瓶〉（図77）は、形、装飾、釉色すべてが卓越しており、気品にあふれています。肩には如意頭《にょいとう》、胴体四面には花開いた蓮花《れんげ》と鴨《かも》のいる一枝を陰刻しています。瓶底内部には「孝文」という銘文があり、制作地は全羅北道扶安柳川里《チョルラブクドプアンユチョンリ》である可能性が高いといわれています。

陽刻技法は文様を浮きあがらせる技法です。文様の周辺を削り、軽く陽刻したものにくわえ、型にはめて圧縮陽刻したものもあります。〈青磁陽刻竹節文瓶〉（図78）は、細い竹の幹が瓶の曲線にしたがって徐々に太くなるように陽刻されており、流麗な手際

図78. 青磁陽刻竹節文瓶
高麗時代、12世紀、高さ33.6㎝
口径8.5㎝、底径12.9㎝
国宝169号、サムソン美術館リウム蔵

図76. 青磁瓶　高麗時代、12世紀前半、高さ20.3㎝、日本·大阪市立東洋陶磁美術館蔵

図77. 青磁陰刻蓮花折枝文梅瓶　高麗時代、12世紀、高さ27.7㎝、口径5.3㎝、底径10.2㎝
国宝252号、サムソン美術館リウム蔵

で竹が見事に描写されています。竹の幹と幹のあいだの溝は釉薬《ゆうやく》を色濃くほどこし、陽刻の効果をいっそう引き立たせています。

また、青磁には、人物、動物、植物の形を真似てつくった象形青磁があり、すぐれた技量が発揮されました。〈青磁鴨形硯滴〉（図79）は、水の上を静かに泳いでいるかのような姿勢が際立つ象形青磁の中の秀作です。透刻青磁は表裏を貫通するように彫刻したものであり、〈青磁透刻墩〉（図80）はその代表作のひとつです。

象嵌青磁は、鋭利な刃物で表面に思い思いの文様を彫り、そこに白土や赤土を埋めこんで制作した青磁です。中国では唐の時代から象嵌技法の磁器が制作されましたが、独創的な美しい文様に発展させたのは高麗王朝です。青磁の象嵌技法は螺鈿漆器《らでんしっき》や青銅器の入糸《にゅうし》技法と同種の技法のため、たがいに似かよった文様がみられます。

〈青磁象嵌柳蘆水禽文浄瓶〉（図81）の文様は、〈青銅銀入糸柳蘆水禽文浄瓶〉（図81―1）の文様に似ています。白土のみで象嵌された特徴からみて、比較的早い時期の象嵌青磁であると推測できます。簡略化された柳、水を掻きわけて遊ぶ水鳥の描写は高麗人の叙情性をよくあらわしています。

象嵌の文様には幾何学《きかがく》的な図案と叙情的な図案とがあります。いずれも高麗人の思想や趣向が余すところなく反映されています。幾何学的な図案には、龍、蓮花、牡丹《ぼたん》、菊花、唐草《からくさ》、宝相華《ほうそうげ》、草などがあり、叙情的なものに、雲鶴《うんかく》、柳蘆水禽《りゅうろすいきん》、松下弾琴《しょうかだんきん》、葡萄童子《ぶどうどうじ》などがあります。とくに、瓶の肩の曲線、梅瓶《メイピン》または壺の力強くも柔らかい線には、中国青磁の線とは違った流麗な美しさがあり、高麗人の美的感覚がよくあらわれています。花開いた牡丹文に把手《とって》がついた〈青磁象嵌牡丹文双耳壺〉（図82）は、端整な丸

図79. 青磁鴨形硯滴　高麗時代、12世紀、高さ8cm、長さ12.9cm、国宝74号、澗松美術館蔵

図80. 青磁透刻墩
高麗時代、13世紀、
高さ　左48cm、右49.5cm
宝物416号
梨花女子大学博物館蔵

図81. 青磁象嵌柳蘆水禽文淨瓶
高麗時代、12世紀、高さ37.1㎝
胴径13.4～15.7㎝、底径8.9㎝、澗松美術館蔵

図81-1. 青銅銀入糸柳蘆水禽文淨瓶
高麗時代、高さ37.5㎝、胴径12.9㎝
国宝92号、国立中央博物館蔵

図82. 青磁象嵌牡丹文双耳壺 高麗時代、12世紀、高さ19.8㎝、口径20.6㎝、底径14.8㎝、国宝98
伝開城付近出土、国立中央博物館蔵

い形と文様がよく調和しています。

青磁の胎土《たいど》は濃い褐色をしており、素焼きすると明るい灰色になります。翡色青磁の本場である全羅《チョルラ》南道康津《ナムドカンジン》の胎土は、いろいろな土を混ぜ合わせなくてもうつわをつくることができる天然粘土で、粘力は強く白色度が適度、一〜二回の鉄分除去によって青磁の胎土になります。焼成温度は摂氏一二〇〇度以上です。

青磁の釉色には緑色系統と翡色系統があります。青磁の色は、釉薬に含まれた約三パーセントの鉄分によって決まっており、少量のマンガン（Ｍｎ）とチタニウム（Ｔｉ）の比率によって緑青磁あるいは翡色青磁となります（翡色青磁の色合いはマンガン成分がチタニウムよりも若干多いときにあらわれます）。これが宋青磁とことなる点です。[※27] このように、高麗青磁翡色の澄んだ透明性は、高麗人の美的な色感をよくあらわしています。

高麗時代の詩人李奎報《イギュボ》（一一六八〜一二四一）と李穡《イセック》（一三二八〜一三九六）は青磁について次のように詠んでいます。

李奎報

緑色の杯が焼かれ　十に一つをえる。
……まるで神の力にあずかったようだ……[※28]

李穡

……青く輝く玉は　青い空に映える。
一度目にした我が目も　澄んでいくようだ……※29

この二人の詩にあるように、青磁は青い玉や水晶に例えられます。彼らは神の力にあずかるときにのみ得ることができる青磁の澄んだ高貴さを賞賛し、高麗文人の高い陶磁観を示唆《しさ》しています。

3 高麗陶磁の変遷

成立期

成立期は青磁の制作が始まり安定するまでの時期です。青磁制作の意欲は統一新羅末期である九世紀にすでに萌芽がみられます。その背景として、張保皐《チャンボゴ》(?～八四六)の海上活動での重要な貿易品のひとつが唐の陶磁器であったという事実をあげることができます。実際、張保皐の根拠地であった莞島《ワンド》チョンヘジンの遺跡からだけでなく、九山禅門のひとつである保寧《ポニョン》のソンジュ寺址や南原《ナムウォン》のシルサン寺、そして、慶州《キョンジュ》王京の遺跡地や雁鴨池《アナプチ》などから、越州窯《えっしゅうよう》の青磁へムリクップ(蛇の目高台)碗、邢窯《けいよう》の白磁碗、定窯《ていよう》の白磁鉢のような中国の青磁や白磁が多数出土しています。これらの中で茶碗が多いのは、九世紀以後の禅宗の流行と無関係ではないでしょう。

そのはじまりを九世紀であるとする学者もいますが、青磁制作は十世紀高麗王朝の建国と軌を一にします。[※30]太祖王建《テジョワンゴン》は中国浙江省《せっこう》に拠を構えた呉越国《ごえつ》(九〇七～九七八)とも一定の関係を結んでいました。浙江省は、三世紀東漢時代から十二世紀まで、中国青磁制作の中心地だったところです。『高麗史』太祖二年(九一九)と六年(九二三)の記録に、呉越国の文士たちが高麗へ来たと記されていますが、これは呉越国の青磁技術が高麗へ移入された可能性を示唆しています。[※31]

この時期青磁を制作した窯は、主に中西部に分布している、「塼《せん》」という成形した土を焼成して築く塼築窯《せんちく》です。塼築窯は京畿道始興芳山洞《キョンギドシフンパンサンドン》、黄海道《ファンヘド》ペチョンウォンサン里《り》などで発掘されましたが、韓国の伝統窯としての位置を占めることはできず、高麗初期の一定期間にのみ存在した窯の形態です。

塼築窯は浙江省越州青磁窯の基本構造であり、唐、五代、北宋時代の窯が上虞県《じょうぐ》の上林湖一帯に集中的に分布しています。ここで生産された青磁は、当時重要な港であった明州《みんしゅう》(現寧波《ニンポー》)を通して諸国に輸出されました。とくに、韓国の中西部地域に塼築窯が築造されたのは、越州窯の青磁技術が直接移転されたことを物語っています。実際、始興芳山洞やペチョンウォンサン里の塼築窯から出土する青磁の色合いや形態は、越州窯出土の陶片と非常によく似ています。このような塼築窯の地域的な分布は、当時の海上ルートとも密接な関連があります。[※32](地図9．高麗時代の海上ルート)

始興芳山洞の塼築窯は、最初、長さ三九メートル、幅二．二二～二．二五メートルで築造され、二度にわたる補修で幅は〇．九メートルに縮小されました(補修過程で塼を内側に積むため)。塼を積んだ焚き口、匚字形の煙突部も改修するたびに狭く、小さくなっていき、そのようすがそのまま残っています。

地図9. 高麗時代の海上ルート
遼
晋
高麗
椒島
開京(開城)
徳積島
南陽
登州
宋
南宋
杭州
明州(寧波)
台湾
北ルート
南ルート
宋の使節ルート

窯の側面出入り口は左右あわせて七か所が確認され、各出入り口の間隔は四・四メートル（図83）、窯の周辺には廃棄物の堆積層が残っています。特筆すべきは、青磁生産以前に活動した土器窯が窯に接して築かれていることで、このことから、土器を生産した土着の匠人《しょうじん》集団と塼築窯の新しい青磁生産集団との関係は平和的に融和していたと推測されます。このような土器窯と塼築窯の関係は、ペチョンウォンサン里《リ》でもみられます。

始興芳山洞《シフンパンサンドン》窯の出土片は、平鉢、碗、花形皿、瓶、杖鼓《チャンゴ》、銘文のある破片など多様です。とくに、さまざまな銘文の中に「甲戌《こうじゅつ》」「奉化」と記されたものがありますが、これらは干支や地名をあらわしたものと推測されます（図84）。「甲戌」は、高麗の建国を念頭に置いて推測すると九一四年と考えられ、ここから芳山洞窯操業の中心時期は十世紀であると想定されます。また、「奉化」という銘文については、現在の中国浙江省に「奉化」という地名があり、こ

図83. 始興芳山洞塼築窯全景
高麗時代、10世紀前半
全長35.8m、幅0.9m
京畿道芳山洞、海剛陶磁美術館
『芳山大窯ー始興芳山洞初期青磁・白磁窯址発掘調査書』、2001、原色写真2引用

図84. 始興芳山洞塼築窯出土銘文各種
海剛陶磁美術館『芳山大窯ー始興芳山洞初期青磁・白磁窯址発掘調査書』、2001、原色写真2引用

こでも青磁を制作していたため、二国間の磁器にまつわる関連性を示唆しています。[※33]

ペチョンウォンサン里《り》の窯址では、一基の土器窯と三基の青磁塼築窯が確認されました。二号窯の規模は始興芳山洞《シフンバンサンドン》の窯と似ており(図85)、ここから〈青磁「淳化三年」銘長足祭器〉が出土しました。[※34] その銘文は高台の内側にあり「淳化三年壬辰太廟第四室享器匠王公托造」と記されています。すなわち、淳化《スンファ》三年(九九二)に王建の祠堂《しどう》である太廟第四室で使う享器(訳註・祭器の一種)として、匠人王公托《ワンコンテック》がつくったものであることがわかります。この銘文が製造年、制作目的、制作者を教えてくれました(図86)。

また、これによって、その一年後に制作された梨花女子大学博物館所蔵の〈青磁「淳化四年」銘壺〉(図87)の生産地がウォンサン里であることが判明しました。壺の銘文は高台の内側にあり、「淳化四年癸巳太廟第一室享器匠崔吉会造」と記されています。形態は口が広く胴体は緩やかな曲線を描き、表面の色

右/図85.
ペチョンウォンサン里
2号塼築窯全景
高麗時代、992年前後
全長38.9m、はば0.9m
黄海南道ペチョン郡ウォンサン里
朝鮮遺跡遺物図鑑編纂委員会
『朝鮮遺跡遺物図鑑』12
1992、380頁、引用

左上/図86. 青磁「淳化3年」
銘長足祭器・高台銘文
高麗時代、淳化3年(992)
黄海南道ペチョン郡
ウォンサン里2号-
4次青磁窯第4間出土

左下/図86-1. 銘文細部
ともに、朝鮮遺跡遺物図鑑編纂委員会『朝鮮遺跡遺物図鑑』12、1992、312頁;
金ヨンジン、『陶磁器窯址発掘』ペクサン資料院、2003
168頁、引用

彩は薄い黄、茶、緑色をしています。釉薬が流れ落ちて固まっていることから、技術がまだ定着していなかったことがわかります。

このように高麗王朝は六代成宗《ソンジョン》(九八一～九九七)にいたって中央集権的王権が強化され、はじめて地方長官を派遣できるようになりました。太祖《テジョ》王建《ワンゴン》の祠堂で使う祭器を制作していたことは、その政治的な意味だけでなく、残された銘文が制作年の判断基準を与えてくれるという点でも、非常に大きな陶磁史的意味をもちます。

発展期

発展期は十一世紀です。この時期高麗は、中書門下省と中枢院を中心に、安定した中央執権的貴族社会へと発展しました。また、崔沖《チェチュン》のような学者を中心に私学が盛んになり、高麗は儒教的政治理念を根幹にした文治主義社会となりました。ひいては、中

図87-1. 青磁「淳化４年」銘壺 銘文細部

図87. 青磁「淳化４年」銘壺
高麗時代、淳化４年(993)
高さ35.3㎝、口径19.5㎝
底径19.2㎝
梨花女子大学博物館蔵

国・宋との文化的、経済的交流が青磁制作にも好影響を及ぼします。窯業は、中西部一帯に分布していた初期の塼築窯が消滅し、全羅南道康津《チョルラナムドカンジン》に集中しました。康津は官窯磁器所としての性格が鮮明になりました。それにともなって、塼築窯は土で築かれる土築窯に変わり、翡色青磁が完成、象嵌青磁が発展するにいたりました。

全羅南道霊岩郡《ヨンアムグン》ヨンフン里《リ》ソンボン寺址五層石塔の舎利箱から「統和二七年己酉（一〇〇九）銘」の入った誌石（図88）と一緒に〈青磁盒《ごう》〉（図88—1）が発見されました。この青磁盒は、色合い、広い高台、蓋の形などに青磁成立期の姿を多くとどめており、十一世紀初めの様相を知ることができます。

一九八三年に全羅北道高敞郡龍渓里《チョルラブクドコチャングンヨンゲイリ》で発掘された青磁窯は、一〇二二年前後に活動しました。窯は三基が重なっており、上層窯は長さ一四メートル、幅一・一メートルの地上土築窯です（図89）。この窯の関連施設跡から〈「太平壬戌（一〇二二）」銘平瓦片〉（図

左／図88. 塔誌石
高麗時代、1009年、全羅南道霊岩郡ヨンフン里ソンボン寺址、5層石塔舎利函、霊岩郡庁蔵

上／図88-1. 青磁盒

90）が発見されました。出土遺物は、鉢、皿、花形皿、蓋、瓶、杯や杯台、匣鉢《さや》など多様です。とくに、内底に円が彫られた〈青磁韓国式ヘムリクップ碗〉（図91）は、中国越州窯青磁の影響の中に、すでに高麗的な特徴がみられます。ヘムリクップとは、中国では玉璧底、日本では「蛇の目高台」といわれているもので、高台接地面の幅が広いものをいいます。中国では八～九世紀唐代に流行しましたが、十世紀には

図90.「太平壬戌」銘平瓦片
高麗時代、太平壬戌（1022）、残存長さ12.0㎝
全羅北道高敞郡アサン面龍渓里青磁窯址
国立全州博物館蔵

図91. 青磁韓国式ヘムリクップ碗
高麗時代、1022年前後、高さ5.3㎝、口径14.2㎝、底径5.2㎝、全羅北道高敞郡アサン面龍渓里青磁窯址、国立全州博物館蔵
図91-1. 青磁韓国式ヘムリクップ碗　高台

図89. 高敞龍渓里窯全景
高麗時代、1022年前後、A窯長さ14m、幅1.1m、B窯長さ38m、幅1.1m、全羅北道高敞郡アサン面龍渓里、国立全州博物館『全北の高麗青磁　再び尋ねる翡色の夢』、2006、119頁、引用

消滅する高台様式です。高麗では、ヘムリクップ碗は十二世紀まで制作されました。[※35] 主に、茶碗として使用されたと考えられます。

北宋や遼との活発な交易は、高麗陶磁の制作に影響を与えつづけました。十一世紀後半からあらわれる押出陽刻青磁は大量生産で製造され、高麗末期までつづきます。押出陽刻とは、土でつくった型を利用して一定の模様を描く技法です。中国陝西《せんせい》省の宋代耀州窯《ようしゅうよう》は押出陽刻青磁生産の重要な窯場のひとつであり、また、河北省《かほくしょう》定州《ていしゅう》でも押出陽刻白磁が生産されたため、これらとの関連が多く確認されます。[※36] 〈青磁押出陽刻牡丹文花形鉢〉（図92）は、六個の花弁で形をととのえ、内面に牡丹の枝を繊細かつ流麗《りゅうれい》に描いた、十二世紀翡色青磁絶頂期の作品です。

全羅南道康津《チョルラナムドカンジン》は、中央政府の直接的な支配下にあった大口所と七陽所の二か所による、磁器所体制で運営されていました。大口所は今の大口面《デグミョン》に、七陽所は今の七良面《チルリャンミョン》にそれぞれ位置していましたが、

図92. 青磁押出陽刻牡丹文花形鉢
高麗時代、12世紀前半、高さ6.2㎝
口径19.7㎝、高台径5.6㎝
国立中央博物館蔵
図92-1.青磁押出陽刻牡丹文花形鉢　側面

ここには数十か所の青磁窯址が分布しています。康津は高麗陶磁制作の中心地でした。十一世紀の磁器生産は特殊な行政区域としての「所」で担当し、一般郡県の邑司に似た所司が存在していました[※37]（訳注・「司」とは官吏のこと）。「所」は、新羅時代以来、手工業生産集団としての末端行政区域であり、国家の保護を受け、強力な体制下で運営されました。このような磁器所の運営形態は、高麗末期までつづきます。

全盛期

全盛期は十二〜十三世紀です。十二世紀は翡色青磁の全盛期であり、十三世紀は象嵌青磁の全盛期です。国内情勢では、一一七〇年の武臣の乱によって文臣貴族文化が変質し、国外情勢では、三十年間つづいた元との戦争によって深刻な打撃を受けました。しかし、青磁の制作は、康津と扶安《プアン》で絶えることなくつづけられ、十三世紀後半からは、元の影響があらわれはじめます。

仁宗《インジョン》（一一二三〜一一四六）長陵からは、謚冊《しさつ》（訳注・王の生前のおこないを褒め称える文を刻んだもの）と一緒に、青磁瓜形瓶、青磁方形台、盒、皿などが出土しました。とくに〈青磁瓜形瓶〉（図93）は、均衡がとれた姿、朝顔形の口、流麗な曲線の瓜形、ひだ模様の高台、貫入《かんにゅう》のない深い淡青色などから、翡色青磁を代表する作品といえます。〈青磁獅子形蓋香炉〉（図94）は、如意珠《にょいじゅ》を片手に握り遠くを凝視している獅子の造形だけでなく、発色などもすぐれた、翡色青磁の秀作のひとつです。〈青磁透刻蓮花七宝文香炉〉（図95）の見どころは、葉脈《ようみゃく》の繊細な表現、透刻の七宝文、足の役割をしているかわいらしい兎などの精巧な技と、完璧な翡色です。文房《ぶんぼう》

図93. 青磁瓜形瓶　高麗時代、1146年以前、高さ22.8㎝、口径8.6㎝、底径7.8㎝、国宝94号
伝開城一帯推定、国立中央博物館蔵

図94. 青磁獅子形蓋香炉
高麗時代、12世紀、高さ21.2㎝、国宝60号、国立中央博物館蔵

図95. 青磁透刻蓮花七宝文香炉
高麗時代、12世紀、高さ15.3㎝、台座径11.2㎝、国宝95号、国立中央博物館蔵

四友《しゆう》のひとつである〈青磁母子猿硯滴〉(図96)は、翡色だけでなく、母子猿の母性が余すところなく表現されています。

象形青磁では〈青磁人形注子〉(図97)が、道教の象徴である宝冠をかぶり、籠に天上の桃を入れて掲げ、雲の上に座っている温和な人物を表現しています。繊細な陽刻と陰刻、瞳の鉄画点(訳註・鉄画で黒くつけた目玉)、宝冠と襟《えり》にほどこされた白の堆点文(訳註・白の釉薬でつけられた点文様)など、あらゆる技法を駆使しており、写実性も抜群です。十一世紀後半から十二世紀前半に道教が隆盛したことから、その時期の作品であるとみなされています。

象形青磁に関しては、徐兢《じょきょう》の『宣和奉使高麗図経《せんわほうしこうらいずきょう》』第三二巻器皿条に、瓜形青磁と獅子形香炉は中国の越州窯、定窯、汝窯《じょよう》の青磁と類似している点が記録されています。しかし、象形青磁である「狻猊出香」(獅子形の香炉)だけは、最高級品であることを指摘しながら、同時に、高麗翡色であることを強調しています。

一九六五年、康津郡大口面沙堂里《カンジングンデグミョンサダンニ》堂前部落の青磁窯址発掘現場から、牡丹文と唐草文が陽刻された青磁軒平瓦と軒丸瓦が数点出土しました。〈青磁陽刻牡丹唐草文瓦〉(図98)の陽刻技術と翡色は、それが十二世紀前半に制作されたことを語っています。毅宗《ウイジョン》十一年(一一五七)四月に養怡亭《ヤンイジョン》の屋根を青磁で葺《ふ》いたという記録があります。[※38] 沙堂里堂前出土の青磁瓦は『高麗史』の記録を裏づけています。[※39] 瓦以外に、青磁は室内装飾用のタイルとしても使用されました。その例が〈青磁象嵌蒲柳水禽文陶板〉(図99)です。白い花が咲いた浅い岸辺にのんびりと遊ぶ白鷺《しらさぎ》の叙情的な風景がよく描写されています。

象嵌青磁は翡色の完成にともない本来の光を放つようになります。象嵌技法のさまざまな模様は、澄んだ透明な釉薬の下でその真価を発揮することができるからです。象嵌技法は十世紀ごろに出現し、

図96. 青磁母子猿形硯滴
高麗時代、12世紀、高さ9.8㎝、胴径6.0㎝、澗松美術館蔵

図97. 青磁人形注子　高麗時代、12世紀、高さ28㎝、胴径13.4-19.6㎝、底径11.6㎝、国宝167号、慶尚北道大邱市出土、国立中央博物館蔵

十一世紀後半から制作が盛んになり、十二、十三世紀にその絶頂期を迎えます。[※40]〈青磁象嵌牡丹文「辛丑」銘硯〉(図100)は、側面に三房の牡丹の花が象嵌され、裏面には銘文が記されています。[※41] 辛丑は一一八一年と推定できるため、この硯を通して、十二世紀後半の象嵌青磁の実態を把握することができます。

明宗《ミョンジョン》(一一七〇～一一九七)智陵《チヌン》から出土した〈青磁象嵌茘枝牡丹唐草文鉢〉(図101)は、内面には茘枝《れいし》文、外面には逆象嵌技法の唐草文の間に牡丹枝が象嵌されています。逆象嵌技法の洗練度からみて、一二世紀末～一三世紀前半にかけて象嵌技法の応用が多様であったことを知ることができます。また、康宗《カンジョン》(一二一一～一二一三)の妃《きさき》であった元徳《ウォントウ》太后の坤陵《コンヌン》からは六点の青磁が出土しました。象嵌香炉、花形皿、梅瓶蓋、逆象嵌の唐草文蓋などは、胎土《たいど》や釉薬、硅石《けいせき》台を使用した焼成《しょうせい》法からみて、康津《カンジン》または扶安《ブアン》の青磁窯で制作されたと考えられる高級青磁です(図102)。元徳太后没年である一二三九年当時の青磁制作

上／図98. 青磁陽刻牡丹唐草文瓦
高麗時代、12世紀、軒平瓦　幅20.3㎝、軒丸瓦直径8.0～8.4㎝、全羅南道康津大口面沙堂里堂前部落青磁窯址、国立中央博物館蔵

左上／図99. 青磁象嵌蒲柳水禽文陶板
高麗時代、12世紀、14.9×20.4㎝、日本·大阪市立東洋陶磁美術館蔵

左中／図100. 青磁象嵌牡丹文「辛丑」銘硯
高麗時代、1181年、高さ2.9㎝
長さ13.4×10.4㎝サムソン美術館リウム蔵

左下／図100-1. 青磁象嵌牡丹文「辛丑」銘硯
銘文細部

の様相を知ることができます。

その他、一二三七年に崩御《ほうぎょ》した熙宗《フィジョン》（一二〇四〜一二一一）の江華にある碩陵《ソッヌン》から出土した青磁なども、坤陵出土の青磁と同じく十三世紀前半のものであり、青磁編年の研究に欠かせない貴重な資料です。※42

象嵌文の中でも雲鶴《うんかく》文は、青磁の図案として好んでもちいられました。鶴は、最高の官職に上り富貴栄華の享受を願う図案であり、また、鳥類の長として雲間を飛ぶ姿は、高い理想と長寿を象徴します。青磁雲鶴文は、最初、雲と鶴が余白を多く残しながらまばらに配置されていましたが、次第に一定の図案へと変化していきます。〈青磁象嵌雲鶴文瓶〉（図103）は、飛翔、水平、下降する、それぞれことなる三羽の鶴の間に雲をまばらに配置し、青い空を飛び交う理想世界を具現化しています。これに対して〈青磁象嵌雲鶴文梅瓶〉（図104）は、堂々とした形の梅瓶に上昇する鶴と下降する鶴を正確に図案化しており、象嵌技法の絶頂に達しています。

右上／図101. 青磁象嵌荔枝牡丹唐草文鉢
高麗時代、1201年以前、高さ8.4㎝、口径20.3㎝、高台径5.9㎝、開城市長豊智陵里、国立中央博物館蔵

右下／図101-1. 青磁象嵌荔枝牡丹唐草文鉢　高台

上／図102. 江華郡良道面吉亭里出土青磁一括
香炉、高さ18.0㎝、直径14.7㎝、13世紀前半（1239年以前）
国立中央博物館『発掘から展示まで』（2007、48頁）より転載

図 103. 青磁象嵌雲鶴文瓶
高麗時代、12 世紀、高さ 30.0㎝、口径 4.7㎝、底径 8.6㎝、サムソン美術館リウム蔵

図104. 青磁象嵌雲鶴文梅瓶
高麗時代、13世紀前半、高さ42.0cm、口径6.2cm、底径17cm、国宝68号、澗松美術館蔵

〈青磁堆花蓮唐草文注子〉(図105)は、白土と磁土《じど》で描かれた模様が盛り上がる技法が用いられ、その数は少ないものの、独特の雰囲気をかもし出しています。華やかな蓮花座の上に鳥がとまっている蓋が強調され、注子本体には満開の蓮花が白黒の蔓《つる》の中で咲いています。酸化銅を顔料としてもちいるのには、高度な技術が必要です。大英博物館が所蔵している〈青磁銅画彩唐草文碗〉は、高難度の技術を完成させた作品であり、内面には唐草文を、外面には牡丹の枝を四か所に配置した華麗な碗です。銅画(訳註・「辰砂」とも)を一部使用した例としては、崔沆《チェハン》(?〜一二五七)の墓石と一緒に出土した〈青磁銅画蓮花文瓢形注子〉(図106)でもみることができます。この注子は大小の蓮のつぼみが連結しており、花びらの縁が銅画で彩られているだけでなく、陰刻技法、堆花技法、童児と蛙《かえる》の象形など、すべての技法を駆使して制作された傑作です。崔沆は武臣政権の実力者であった崔忠献《チェチュンホン》の孫であり、武臣政権期実力者の位相

図105. 青磁堆花蓮唐草文注子
高麗時代、11〜12世紀
高さ32.7㎝、底径9.5㎝
国立中央博物館蔵

図106. 青磁銅画蓮花文瓢形注子
高麗時代、1257年推定
高さ32.7㎝、胴径16.8㎝
底径11.2㎝、国宝133号
サムソン美術館リウム蔵

図107. 白磁象嵌牡丹柳蘆文梅瓶
高麗時代、12世紀、高さ29.2㎝、
口径4.8㎝、底径10.5㎝、
宝物345号、国立中央博物館蔵

をも垣間見ることができます。

その他、透かし技法の〈青磁透彫唐草文四角盆〉は、蓋の上面の菱形の中に一枝の牡丹を配置し、熟練した技術でその周辺と箱の四面全面に唐草文を透かし彫りしています。

また、数は多くありませんが、高麗白磁にも象嵌技法がもちいられました。たとえば、〈白磁象嵌牡丹柳蘆文梅瓶〉（図107）は、器面を縦に六等分し、その中心部にそれぞれ花窓を開け、そこを青磁土で塗りつぶしてから牡丹と柳を白黒二色象嵌した非常に特異な梅瓶です。また、〈青磁鉄画柳蘆文瓶〉（図108）は、翡色青磁とはことなった現代的な形態の瓶に、控えめで簡略化された柳を描写し、変わった芸術世界をかもし出しています。

十三世紀後半になると、器形は大型化し、図案は複雑で派手になります。ときには画金がくわえられた金彩青磁が制作されました。〈青磁象嵌龍鳳牡丹文盒・台〉（図109）は、蓮のつぼみを装飾した匙《さじ》とセッ

図109.　青磁象嵌龍鳳牡丹文盒・台
高麗時代、13世紀、盒高さ14.9㎝、口径18.5㎝、底径6.8㎝、匙の長さ28.0㎝、国宝220号
サムソン美術館リウム蔵

図108. 青磁鉄画柳蘆文瓶
高麗時代、12世紀、高さ31.4㎝
胴径12.6㎝、国宝113号
国立中央博物館蔵

トになっており、龍の形をした蓋のつまみ、蓋と台に龍鳳《りゅうほう》文、鉢の側面に満開の牡丹文などが配置され、この時期の特徴をよくあらわしています。とくに、鉢の口縁部に刻まれた鳳凰と雲文は印で捺されたものである点から、変化の姿は歴然です。

　画金がくわえられた例としては、高麗の首都であった開城《ケソン》市の満月台《マンウォルデ》近くから出土した〈青磁象嵌画金樹下猿文扁瓶片〉（図110）があります。これは、菱形の花窓の中に樹下の猿が描かれていますが、ここに画金装飾がほどこされています。画金磁器に関しては、『高麗史』列伝趙仁規伝に出てくる、趙仁規《チョインギュ》が元《げん》に使臣として遣わされたときの元の世祖フビライ・ハーン（一二六〇～一二九四）との会話内容が、画金青磁の生産背景を教えてくれます。[※43] 画金の正確な技法はわかりませんが、象嵌文の外郭《がいかく》線を鋭利に彫り、そこに金を挿入したものです。

　全盛期の窯址は、康津《カンジン》、扶安《プアン》、大田《テジョン》、陰城《ウムソン》、龍仁《ヨンイン》などで発掘されました。現在国立光州博物館に移転、展示されている康津龍雲里《ヨンウンニ》一〇—一号窯は、全長一〇メートル、幅一～一・三メートル、天井の高さ約〇・八メートル、傾斜一三～一五度の構造です。左右に一列、匣鉢を積み上げて焚き口門をつくり、焚き口から焼成室へ登る火口の真上の天井は、匣鉢を四分の一に割って丸天井形に築いており、その一部が原形のまま残っています。焚き口の横に設置された用途不明の四角形の側室は、磨砂土が敷かれてお

図110. 青磁象嵌画金樹下猿文扁瓶片
高麗時代、13世紀後半、現高さ25.5㎝
胴径16.8～20.5㎝、底径9.3㎝
開城万月台、国立中央博物館蔵

り、火と関係があったものと推測されます。窯の中に間仕切りや柱などの構造物がないことから、単室の土築窯であったことがわかります（図111）。

一〇号窯の横に形成された廃棄物堆積層は上下が区別され、下層から出土した〈青磁杯〉（図112）には、高い高台、外面の蓮弁文の形など十一世紀の特徴が、反面、上層から出土した〈青磁象嵌葡萄文瓶片〉（図113）には、背景を白象嵌した、いわば逆象嵌技法の洗練された葡萄文など、十二世紀の特徴がみられます。

変化期

十四世紀を中心に変化期がおとずれます。陶磁工芸は、政治、経済、外交などさまざまな要因によって、はっきりと変化の形があらわれます。一四世紀青磁は、十二～十三世紀の優雅な翡色や精巧な象嵌青磁に劣る新しい器形や文様が増加し、販売のための大量生産体制がうかがわれます。忠恵王《チュンヘ》復位二年

図112. 青磁杯　3点
高麗時代、11世紀後半、康津龍雲里10号1層堆積層出土　国立中央博物館『康津龍雲里青磁窯址発掘調査報告書－図鑑編』、1996、原色図鑑32、引用

図113. 青磁象嵌葡萄文瓶片
高麗時代、12世紀、残存高さ20.6㎝、康津龍雲里10号2層堆積層出土、国立光州博物館蔵

図111. 康津龍雲里10-1窯全景
高麗時代、11世紀後半～12世紀
現在の長さ10m、幅1～1.3m
傾斜13～15度、全羅南道康津郡大口面龍雲里
現在は国立光州博物館へ移転･復元、著者撮影

（一三四二）の『高麗史』列伝銀川翁主林氏の記録に「銀川翁主林氏は、商人信の娘で、丹陽大君の下女であった。沙器の販売を生業としていたが……やがて銀川翁主に封じ……当時（彼女を）磁器翁主と呼んだ」とあります。※44 銀川翁主の父親「信」は、忠恵王の対外貿易を担当した代理商人の中の一人で、この記録は、一三四一年以前から陶磁器が市中で販売され、また、貿易品でもあったことを教えてくれます。

十四世紀の青磁の特徴は、干支《えと》、官庁銘、陵号銘などが刻まれていることです。これらからは納税体制の一断面と国家紀綱上の問題点を垣間みることができます。

青磁に刻まれている銘文としては、司醞署《サオンソ》、司膳《サソン》、徳泉《トクチョン》、義成庫《ウィソンゴ》、城上所などの官庁銘があり、己巳《きし》、庚午《こうご》、壬申《じんしん》、癸酉《きゆう》、甲戌《こうじゅつ》、壬午《じんご》、丁亥《ていがい》、乙未《いつび》などの干支、正陵《チョンヌン》などの陵号銘などがあります。

青磁に刻まれた「己巳」から始まる干支は、丁亥まで八種類あります。〈青磁象嵌蓮唐草文「己巳」

図114. 青磁象嵌蓮唐草文「己巳」銘鉢
高麗時代、1329年、高さ7.0㎝、口径18.6㎝
底径6.2㎝、国立中央博物館蔵

図115. 青磁象嵌柳文「乙酉司醞署」銘梅瓶
高麗時代、1345年、高さ30.1㎝
国立中央博物館蔵

銘鉢〉(図114)に刻まれた「己巳」の年代に関しては、一二六九年だとする一群の学者もいますが、その器形や文様から一三二九年の己巳とみるほうが合理的です。※45

多様な銘文が記された梅瓶《メイピン》は大変興味深く、〈青磁象嵌柳文「乙酉司醞署」銘梅瓶〉(図115)は、一三四五年と推定される「乙酉年」に、宮中に酒を納める役割をになった司醞署が使用した梅瓶です。口は欠けており、柳の模様や制作状態すべてが色あせた青磁なのですが、一四世紀中ころの状況を示しています。

これよりも闊達《かったつ》な柳と水面上に咲いた蓮花を描いた〈青磁象嵌柳蓮文「徳泉」銘梅瓶〉(図116)は、一三五五〜一四〇三年まで存続した徳泉庫《トクチョンゴ》(訳註・財産、物品を管理した役所)に上納された梅瓶です。三段構図の文様構想は、一四世紀梅瓶《メイピン》の特徴であり、図式化された水面上に咲いた蓮花と柳の間に「徳泉《トクチョン》」が黒色象嵌されており、高麗後期の状況を見せています。この梅瓶

図116. 青磁象嵌柳蓮文「徳泉」銘梅瓶
高麗末期-朝鮮初期、1355〜1403年、高さ28㎝、
口径5.1㎝、高台径11.1㎝、宝物1452
湖林博物館蔵

図117. 青磁象嵌柳蓮花文「城上所」銘梅瓶
高麗時代、14世紀末〜15世紀初、高さ32㎝
口径5.1㎝、底径11.3㎝
龍仁大学博物館蔵

と文様素材が似ている〈青磁象嵌蓮花文「城上所」銘梅瓶〉(図117)は、宮殿内の各殿や司(訳註・部署)に配置されてうつわを管理した城上の存在を意味する梅瓶であって、この時期の雰囲気を伝えてくれます。[※46]〈青磁象嵌「義成庫」銘梅瓶〉(図118)は、一三七八～一四〇三年まで存続した義成庫《ウィソンゴ》(訳註・飲食に関わる役所)に上納された梅瓶です。主文様はみな省略され、肩の部分に簡略化された蓮弁文と卍文だけが象嵌されていることから、朝鮮時代初期に制作された梅瓶ではないかと思われます。この他に、鉢や高炉などにもこれら銘文が記されている例があります。

陵号が入っているものには〈青磁象嵌蓮唐草文「正陵」銘鉢〉(図119)があります。これは恭愍《コンミン》王妃の墓である「正陵《チョンヌン》」の名が鉢の内面に刻まれており、没年である一三六五年から恭愍王(一三五一～一三七四)の最後の在任年である一三七四年の間に制作されたものの中のひとつです。この鉢の主文様である蓮唐

図119. 青磁象嵌蓮唐草文「正陵」銘鉢
高麗時代、1365～1374年、高さ8.2㎝
口径20.1㎝、底径6.0㎝、国立中央博物館蔵

図118. 青磁象嵌「義成庫」銘梅瓶
高麗末期-朝鮮初期、1378～1403年
高さ27.8㎝、口径6.0㎝、底径9.8㎝
国立中央博物館蔵

草文は、六〇余年後の朝鮮時代世宗《セジョン》初年まで、変形または解体しながら引き継がれました。蓮唐草文は、この時期に該当する全国の窯址から出土します。このような現象は、恭愍王以後、康津《カンジン》の磁器所の解体にともなって匠人が全国に散らばっていったことを意味します。

康津窯業の解体は、高麗王朝の衰退とともに、激しい倭寇《わこう》の集団的略奪、金属器の代わりに磁器や木器を使用させた政府の政策などに起因します。恭譲王《コンヤン》三年(一三九一)三月、中郎将房士良の上書に「……鍮器や銅器はこの地に産出しないものですから、どうか、今後銅器や鉄器の使用を禁じ、磁器や木器を使用させ、習俗を変えさせてください」とあることから、磁器窯が全国に分布していた状況を理解することができます。[※47] そして、国家は、全国から一年に一度、陶磁器の献納を受けていました。すなわち、『高麗史』列伝趙俊の上書「司饔では毎年各道へ人を送り内用磁器の製造を監督するが、毎年行うようになると、公使を笠にきて私利を図り……ソウルで献納するのは百分の一ほどで、残りは皆私物化するようになる。被害この上ない……」とある通りです。[※48] この内容は、恭譲王元年の記録であることから、司饔署《サオンソ》の官吏が全国に派遣され、宮廷で使う磁器を監督製造していた状況と、このような体制が少なくとも恭譲王の時代にできていたことを知ることができます。なぜなら王の食膳を担当する高麗の「尚食《サンシック》局」が一三七二年に「司膳署《サソンソ》」に改変されており、「司膳」が刻まれた磁器が全国で出土するからです。[※49]

高麗白磁は、青磁と並行して制作されました。しかし、十四世紀青磁に起こった変化が白磁においてどうであったかは、十四世紀高麗白磁がみつかっておらず、わかりません。

ところで、江原道淮陽郡長楊面長淵里《カンウォンドフェヤングンチョンヤンミョンチョンヨンリ》の金剛山月出峯《クムガンサンウォルチュルボン》で、李成桂《イソンゲ》が仏前に立願した石箱が発見されました。その中に、舎利具《しゃりぐ》と一緒に、白磁鉢三点、白磁碗一点、白磁香炉一点が入っていました。その中のひとつである〈白磁「洪武二十四年銘」鉢〉(図120)は、外面に「大明洪武二十四年辛未四月立願」、高台周囲に「辛未四月日防山砂器匠沈龍同発願比丘信寛」とそれぞれ刻まれています。[※50] このような銘文を通して、一三九一年ごろの白磁の様相を知ることができます。胎土に雑物が多く混じり、釉薬の溶解も不充分ですが、量感ある形態はすでに朝鮮白磁の姿をみせています。二〇〇〇年度に地表調査したところ、十四世紀末～十五世紀初頭と推定される白磁陶片がパンサン面ソンヒョン里二号から収集されたことから、銘文にある「防山砂器匠沈龍」は江原道ヤング郡パンサン面で白磁を制作していたものと推定できます。

成立期から変化期まで、高麗陶磁の四段階の変遷過程をこれまで明らかにしてきました。はじめ、中国越州窯青磁の影響を受けて始まったものに高麗だけの独自性が発揮され、透明な翡色青磁を完成させ、高麗人の端雅で静かな理想世界が具現されました。また、雲鶴文を好んで刻んだ象嵌青磁からは、高い理想を青空に余すところなく広げた高麗人の心性を読み取ることができます。このような優雅な翡色青磁の美学は、仏教を精神的支柱とした時代背景と高い文化を享有していた高麗知性人の存在によって可能となりました。

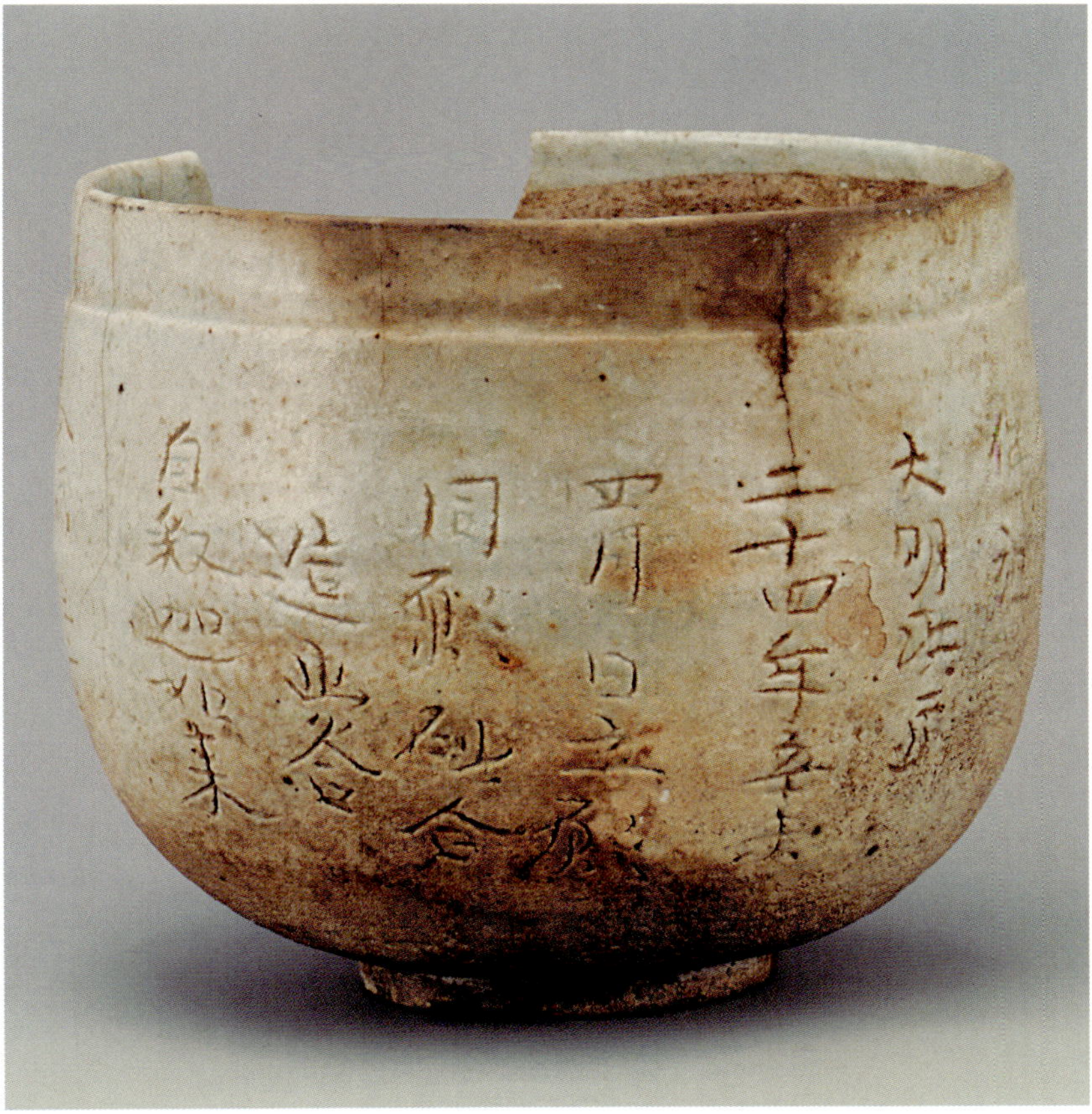

図120. 白磁「洪武二十四年」銘鉢
高麗時代、1391年、高さ17.1㎝、口径22.3㎝
底径10.2㎝
江原道淮陽郡長楊面長淵里金剛山月出峯
国立中央博物館蔵

註

27)Pamela B. Vandiver・Louise A. Cort・Carol A. Handwerker、1989.「VARIATIONS IN THE PRACTICE OF CERAMIC TECHNOLOGY IN DIFFERANT CULTURES : A COMPOSITION OF KOREAN AND CHINESE CELADON GLAZES」「CROSS-CRAFT AND CROSS-CULTURAL INTERACTIONS IN CERAMICS」、『CERAMICS AND CIVILIZATION VOLUME Ⅳ』［三四八〜三五〇頁］

方炳善、「高麗青磁의(の)技術史的考察」、『美術史學研究』198［韓國美術史學會、一九九三、五〜二二頁］

28)李奎報(一一六八〜一二四一)、『李相國集』、巻8

29)李穡(一三二八〜一三九六)、『牧隱詩稿』巻24

30)〈9世紀発生説〉

요시오카 칸수케(吉岡完祐)、「高麗青磁發生에(に)關한(する)研究」숭전대학교석사학위논문(崇田大学修士学位論文)、一九七九

金載悅、「高麗白磁의(の)發生과(と)編年」、『考古美術』177［한국미술사학회(韓国美術史学会)、一九八八、三〜四一頁］

崔健・「고려청자의발생문제(高麗青磁発生問題)−고려청자 언제 어떻게 만들어졌나(高麗青磁はいつどのように造られたか)」、『美術史論壇』창간호(創刊号)［한국미술연구소(韓国美術研究所)、一九九五、二六九〜二九四頁］

鄭良謨、「高麗青磁」、『高麗青磁名品特別展』［國立中央博物館、一九八九、二六八〜二八三頁］

〈10世紀発生説〉

李鍾玫、「始興芳山洞初期青磁窯址出土品을통해본(を通してみた)中部地域塼築窯의(の)運營時期」、『美術史學研究』228・229［한국미술사학회(韓国美術史学会)、二〇〇一、三、六五〜九七頁］

李喜寛、「始興芳山大窯의(の)生産集團과(と)開始時期問題・芳山大窯出土銘文資料의(の)檢討」、『新羅金石文의 현황과 과제(の現況と課題)』新羅文化祭學術論文集第23輯［慶州市・新羅文化宣揚會、東國大新羅文化研究所、二〇〇二、二三三〜二七七頁］

尹龍二、「高麗陶瓷의(の)變遷」、『澗松文華』31［韓國民族美術研究所、一九八六、七三〜九五頁］

31)李基白、「高麗初期五代와의(との)關係」、『高麗貴族社會의(の)形成』이기백한국사학논집(李基白韓国史学論集)9［一潮閣、一九九〇、一三三頁］

32)강경숙(姜敬淑)、「고려전기 도자의 대중 교섭(高麗前期陶磁の対中交渉)」、『高麗美術의(の)對外交渉』제8회전국미술사학대회(第八回全国美術史学会)［二〇〇四、一九四〜二四八頁］

33)李鍾玫、「始興芳山洞初期青磁窯址출토품을 통해 본(出土品を通してみた)中部地域塼築窯의(の)運營時期」、『美術史學研究』228・229［한국미술사학회(韓国美術史学会)、二〇〇一、三、九〇〜九五頁］

34)김영진(キムヨンジン)、「황해남도 봉천군 원산리 청자기가마터 발굴 간략보고(黄海南道ポンチョン郡ウォンサン里窯址発掘簡略報告)」、『조선고고연구(朝鮮考古研究)』2、루계(累計)제79호(第79号)［사회과학원사회학연구소(社会科学院社会学研究所)、一九九一］

35)李喜寛、「韓國初期青磁에있어서 해무리굽(におけるヘムリクップ)碗問題의(の)再檢討・韓國青磁製作의(の)開始時期問題의(の)解決을 위하여(のために)」、『美術史學研究』237［韓國美術史學會、二〇〇三、三、五〜二八頁］

36)朴芝英、「高麗陽刻青磁의(の)性格」、『講座美術史』29［韓國佛教美術史學會・韓國美術史研究所、二〇〇七、四五〜八六頁］

37)李喜寛、「高麗時代瓷器所와그(とその)展開」、『史學研究』77［韓國史學會、二〇〇五、三、一六一〜二〇二］

38)崔淳雨、「高麗青磁瓦」、『美術資料』13［國立博物館、一九六九、一〜一一頁］

39)『高麗史』世家一八巻、毅宗一一年四月丙申條

〝궐 동쪽에 이궁을 세우고…민가 50여채를 헐고…작란정을 만들고 그 북쪽에 양이정을 짓고청자로 덮었다(闕東離宮成…毀民家五十餘區…作觀瀾亭其北構養怡亭盖以青瓷)。〟

〝宮殿の東側に離宮を建て……民家五〇余軒を壊し……観瀾亭つくる。その北側に養怡亭を建てて青磁で屋根を葺いた。(闕東離宮成……毀民家五十区……作観瀾亭　其北構養怡亭　盖以青瓷)。〟

40)鄭良謨、「高麗青磁와(と)青磁象嵌發生의(の)側面的考察」、『澗松文華』6［韓國民族美術研究所、一九七四、三五〜四二頁］

金載悅、「高麗陶磁의(の)象嵌技法발생에관한(に関する)一考察・〝原(ｐｒｏｔｏ)상감문〟의 존재를 중심으로(象嵌文を中心に)・」、『湖巖美術館

研究論文集』2［삼성문화재단（サムソン文化財団）、一九九七、五五～九八頁］

41）명문내용（銘文内容）："신축년 5월 10일에 맑은 벼루 한개를 대구（大口）의 호정（戸正）을 지냈던 서감부를 위해 황하사에서 만든다（辛丑五月十日造　爲大口前戸正徐敢夫　淸沙硯壹隻黃河寺）"

"辛丑年五月一〇日美しい硯一個を大口の戸正であった徐敢夫のために黄河寺で作る"

これに関する論文には李喜寛、「高麗青磁史上의（の）康津窯와（と）扶安窯－湖巖美術館所蔵青磁象嵌菊牧丹文'辛丑'銘벼루（硯）銘文의（の）檢討－」、『高麗青磁、康津으로의（への）歸鄕－銘文・符號特別展』［강진청자자료박물관（康津青磁資料博物館）、二〇〇〇、六一～八〇頁］

42）韓盛旭、「석릉 출토 청자의 성격（碩陵出土青磁の性格）」、『江華碩陵』［국립문화재연구소（国立文化財研究所）、二〇〇三、一四七～一六六］

43）『高麗史』列傳巻一八、趙仁規傳

"…인규가 일찍이 화금지기를 바쳤더니 원 세조가 화금은 그릇을 견고하게 하기 위한것이냐 하고 물으니 단지 설채할 뿐이다…（仁規嘗獻畵金磁器 世祖問曰畵金欲其固耶 對曰 但施彩耳…）"

"……仁規がさっそく画金磁器を差し出した。元の世祖が画金は器を丈夫にするためのものかと尋ねると、ただ色彩のためだけである……"

44）『高麗史』列傳巻二、后妃二銀川翁主林氏

"銀川翁主林氏 商人信之女 丹陽大君之婢也 賣沙器爲業…乃封爲銀川翁主…時稱 沙器翁主"

45）〈１２６９年説〉

李喜寛、「高麗後期己巳銘象嵌青磁의（の）製作年代問題에 대한 새로운 접근（に対する新しい接近）」、『美術史學研究』217・218［韓國美術史學會、一九九八、五～二七頁］

崔健、「'干支' 銘青磁의（の）製作時期와（と）製作窯」、『高麗青磁、康津으로의（への）歸鄕』［康津青磁資料博物館、二〇〇〇、八一～一〇九頁］

〈１３２９年説〉

尹龍二、「干支銘象嵌青瓷의（の）製作時期에（に）關하여（して）」、『高麗時代後期干支銘象嵌青磁』［海剛陶磁美術館、一九九一、一一四～一一八頁］

韓盛旭、「高麗後期青瓷의（の）器形變化」、『美術史學研究』232［韓國美術史學會、二〇〇一、五七～九九頁］

朴敬子、「14세기（世紀）康津磁器所의 해체와（の解体と）窯業체제의（体制の）二元化」、『美術史學研究』238・239［韓國美術史學會、二〇〇三、一〇九～一四五頁］

46）金允貞、「고려말・조선초（高麗末・朝鮮初）官司銘梅瓶의（の）製作時期와（と）性格」、『흙으로빚은우리역사（土で作るわが歴史）』［용인대학교박물관（龍仁大学博物館）、二〇〇四、一四六～一六五頁］

47）『高麗史』志巻三九、刑法二禁令條

"中朗將 房士良 上疏…鍮銅本土不産之物也 願自今 禁銅鐵器 專用瓷木 以革習俗"

48）『高麗史』列傳巻三一、趙浚條

"司饔每年 遣人於各道 監造内用瓷器 一年爲次 憑公營私 侵漁萬端…及至京都進獻者 百分之一 餘皆私之 弊莫甚焉…"

49）朴敬子、「14세기（世紀）康津磁器所의 해체와（の解体と）窯業체제의（体制の）二元化」、『美術史學研究』238・239［한국미술사학회（韓国美術史学会）、二〇〇三、一〇九～一四五］

50）銘文内容 "大明洪武二十四年辛未四月立願"、"辛未四月日防山砂器匠沈龍同發願比丘信寛"

第六章

豊かなユーモアと、端雅な白色の饗宴

朝鮮時代の陶磁器

1 時代概観

朝鮮(一三九二〜一九一〇)の国家理念である儒教は、太祖李成桂《イソンゲ》(一三九二〜一三九八)を中心に新しい文化を創出した原動力になりました。三代太宗《テジョン》(一四〇〇〜一四一八)は政治制度を改革し、王朝の基盤を確立しました。

新しい政治の枠組みのうえに、四代世宗《セジョン》(一四一八〜一四五〇)は集賢殿《しゅうけんでん》を中心にハングルを創製するなど、民族文化の黄金期を築きました。この過程で新しい活字が鋳造され、印刷技術が発達し、天文、農業、科学、武器などの技術が大きく発展しました。七代世祖《セジョ》(一四五五〜一四六八)・九代成宗《ソンジョン》(一四七〇〜一四九四)にかけて、王朝の基本法典である『経国大典』が編纂され、各種史書、地理誌が発刊されるなど、国家体制は完備されました(地図10 朝鮮時代の領域)。

成宗のときからはじまった、地方に基盤を置く士林(訳註・儒者)と歴代の王を補佐した実質的な支配層である勲旧(訳註・勲功のある家)勢力との対立は、やがて士禍(訳註・士林がこうむった災難)や党争へと広がりました。そのため、政界への進出を放棄した士林学者たちは、地方の書院を中心に人材を育て、その結果、韓国の儒学は史上最高の学問的発展を遂げました。その代表的学者が退渓李滉《テゲイファン》と栗谷李珥《ユルゴクイイ》です。

壬申《イムジン》・丁酉倭乱《チョンユウェラン》(文禄《ぶんろく》・慶長《けいちょう》の役、一五九二〜一五九七)と丁卯《チョンミョウ》・丙子胡乱《ピョンジャホラン》(一六二七〜一六三六)は、社会的、経済的改革である大同法の実施を招来しました。これによって税の徴収体制に変化が起こり、富農や巨商が登場することになります。経済構造の変動は封建的な身分秩序の分解を招来し、庶民文化

地図10. 朝鮮時代の領域
遼河
松花江
豆満江
鴨緑江
咸鏡北道
咸鏡南道
平安北道
平安南道
大同江
黄海道
日本海
동해
漢江
江原道
ソウル
広州市中部面樊川里
広州市退村面陶水里
京畿道
忠州市水安堡面彌勒里
忠清北道
黄海
忠清南道
慶尚北道
錦江
広州市反浦面鶴嶺里
洛東江
全羅北道
高敞郡扶安面
慶尚南道
光州（忠孝洞）
栄山江
全羅南道
務安郡
白磁
粉青沙器
済州島

の台頭をもたらしました。とりわけ、中国を通して入ってきたキリスト教思想と西欧文物は、朝鮮の文化全体に対する批判と新しい認識を呼び起こしました。このような新思潮は、「実事求是《じつじきゅうぜ》」を基調とする実学として具体化され、二十一代英祖《ヨンジョ》（一七二四～一七七六）と二十二代正祖《チョンジョ》（一七七六～一八〇〇）の時代に、世宗《セジョン》以来の第二文化黄金期を迎えました。この期間に制作された白磁月壺は、中国や日本にはない、純潔と包容を象徴する限りない底力があらわされています。また、鄭《チョン》ソンを中心とした真景山水画（訳註・朝鮮の景色を描いた山水画）や、金弘道《キモンド》や申潤福《シンスンボク》を中心とした風俗画に、朝鮮独自の画風が確立されました。その他、水原《スウォン》城のような世界文化遺産も、十八世紀ソンビ文化の総体的な結実です。

十九世紀の朝鮮は、弱体化した王権と大院君の鎖国政治時代を迎え、世界列強の帝国主義に取り囲まれながら、朝鮮王朝五〇〇年の歴史は一九一〇年に終わりを告げ、日本の植民地となってしまい、一九四五年に解放されるまで日帝強占期時代を経験させられました。

2 粉青沙器

粉青沙器《ふんせいさき》は白磁とともに朝鮮陶磁の主流を成すやきものです。十四世紀中ごろ、象嵌青磁から自然に発生した粉青沙器は、十五世紀前半に多様な技法が発展し、十六世紀前半ごろ白磁に吸収され消滅しました。青磁や白磁とはことなる特徴と内容を有し、韓国陶磁史上もっとも強い独創性を発揮した陶磁器です。

粉青沙器の特徴と種類

粉青沙器という用語は、その語源を文献に求めることはできません。十九世紀以後、日本の愛好家たちのあいだで「三島《みしま》」と呼ばれていましたが、特徴をあらわした用語ではなく、その出処は不明です。一九三〇年ごろ、高裕燮《コユソップ》（一九〇五～一九四四）はうつわの特徴をあげて「粉粧灰青沙器《ふんしょうかいせいさき》」と命名し、これを縮めて「粉青沙器」としました。今ではこれが学術用語となっています。

粉青沙器の胎土《たいど》は天然産の二次粘土である木節粘土《きぶしねんど》です。釉薬は天然で得られる生釉であり、主成分は長石《ちょうせき》です。粉青沙器の特徴は白土粉装技法と闊達《かったつ》な文様にあります。白土粉装の仕方によって、それぞれことなった特色ある美の効果をあらわしています。

文様には、象嵌《ぞうがん》技法、印花《いんか》技法、剝地《はくち》技法、彫花《ちょうか》技法（訳註・「陰刻・線刻技法」とも）、鉄画《てつえ》技法、刷毛目《はけめ》技法、扮装《ふんそう》技法（訳註・「粉引」とも）など多様な種類があります。

象嵌技法は青磁象嵌技法の延長線上にある技法ですが、文様の内容はことなります。象嵌と印花技法を同時にもちいた〈粉青沙器象嵌龍文壺〉（図121）は、大きさや龍文から王室用のものであったと思われます。この器形は青磁にはみられません。また、〈粉青沙器象嵌魚龍文梅瓶〉（図122）は、水辺の水禽《すいきん》、蓮花《れんげ》

図122. 粉青沙器象嵌魚龍文梅瓶
朝鮮時代、15世紀前半
高さ29.2㎝、口径5.1㎝
底径10.8㎝
サムソン美術館リウム蔵

図121. 粉青沙器象嵌龍文壺
朝鮮時代、15世紀前半、高さ49.7㎝、口径15㎝、底径21.2㎝、国宝259号、国立中央博物館蔵

図123. 粉青沙器象嵌牡丹唐草文壺
朝鮮時代、15世紀、全高25.2㎝、壺の高さ22.6㎝
口径8.4㎝、底径10.2㎝、蓋の高さ3.9㎝
蓋径10.8㎝、宝物1068号、湖林博物館蔵

にくわえ、それと調和する魚龍の躍動感が際立っています。器形は十四世紀青磁梅瓶《メイピン》の余韻を残しています。

また、象嵌技法には線象嵌と面象嵌の二種類がありますが〈粉青沙器象嵌牡丹唐草文壺〉(図123)は、牡丹と唐草《からくさ》の蔓《つる》の盛り上がった様子が面象嵌で装飾されており、一体感を与えています。〈粉青沙器象嵌草花四耳壺〉は、面を三段に区分した後、中心に牡丹の葉だけを象嵌し、上下の文様台には蓮弁文と幾《き》何《か》学《がく》文を軽く彫刻しています。落ち着いた雰囲気で闊達《かったつ》なさわやかさを表現しています。

このような面象嵌技法から剝地技法が考案されたのでしょう。剝地技法の粉青沙器は、白土粉装の上に描いた文様の背景部分を剝《は》ぎ落すことによって、背景の灰色と文様の白色の対比が自然な効果をかもし出します。〈粉青沙器剝地蓮魚文扁瓶〉(図124)は、ゆれている蓮葉三、四枚が心地よく広げられ、そのあいだに蓮のつぼみと魚を適切に配置し、蓮池の夏の一日の風光を叙情的に鑑賞させてくれます。このように再構成された文様には、高い水準の講義を受けた専門画家が描いた文様とはことなり、韓国人の原初的な情緒がただよっています。〈粉青沙器剝地鳥魚文壺〉(図125)は、繊細な剝地技法を駆使し、現代版画を連想させる作品です。

粉青沙器の真面目は、印文を捺《お》してうつわを埋め尽くす、印花技法にあります。〈粉青沙器印花集団連圏文瓶〉(図126)は、小さな菊花文五〜六個を連ねてひとつの印鑑にし、これを繰り返し押したのちに白土を嵌《は》めこんだものです。このように同じ文様を反復させる装飾技法は、現代抽象画を彷彿《ほうふつ》とさせます。現代の抽象画が十五世紀にすでに粉青沙器においてつくられていたのです。この技法は主に慶尚道《キョンサンド》

図124. 粉青沙器剝地蓮魚文扁瓶
朝鮮時代、15世紀、高さ22.7㎝、口径4.8㎝、底径8.4㎝、国宝179号、湖林博物館蔵

図125. 粉青沙器剝地鳥魚文壺
朝鮮時代、15世紀、高さ32.8㎝、胴径23.0㎝、底径10.5㎝、国立中央博物館蔵

地域で流行しました。中央官庁への貢納品には、精巧な集団連圏《れんけん》文に上納すべき官庁の名と制作地の名を一緒に刻んだうつわが多くあります。〈粉青沙器印花集団連圏文「慶州長興庫」銘壺〉(図127)は、このような例のひとつです。このように官庁名(長興庫)と一緒に地方名が刻まれる場合、地方名は主に「慶尚道《キョンサンド》」の名が刻まれている点に留意すべきです。

器皿に官庁の名を刻むようになった動機は、太宗《テジョン》十七年(一四一七)に戸曹《ホジョ》(訳註・戸口調査や租税などを司る中央官庁機関)が器皿管理の弊害を除去するための方法を記した記録からわかります。「……外貢砂木器は長興庫が奉納を受け管理し、司饔房へ供給する。司饔房がそれを使用するが……それが外に出ると回収が困難になる。隠したり壊されたりして返ってくるのはわずか五分の一である。……長興庫へ納める砂木器には長興庫の三文字を刻み、その他各官庁へ納付する物もこれに倣《なら》って各司号を刻むようにしなさい。官庁名の刻まれた器皿を私蔵した事実が判明した場合には盗みの罪で処罰し巨弊をなくすように、というので皆これに従った」※51。

また、制作地の地名が入っている理由は、世宗《セジョン》三年(一四二一)工曹《コンジョ》(訳註・土木に関する公務を司る官庁)が献上した、「進上するすべてのうつわは丈夫につくられておらず、すぐに壊れてしまう。今後はうつわの底に匠人《しょうじん》の名を書かせ、後日の証拠とする。注意を払わずいい加減につくった者のうつわは弁償させる」という記録に

図126. 粉青沙器印花集団連圏文瓶
朝鮮時代、15世紀、高さ26.8㎝、口径7.4㎝
底径8.7㎝、国立中央博物館蔵

図127. 粉青沙器印花集団連圏文「慶州長興庫」銘壺
朝鮮時代、15世紀、全高20.0㎝、口径8.1㎝、底径8.3㎝、湖林博物館蔵

求めることができます[※52]。

これまで紹介した文献二点の内容を総合すると、官庁の名を刻んだのは貢納《こうのう》磁器に対する適切な管理のためであり、制作地の地名を記した理由は、貢納の行政的責任を負う地方首領を地名であらわすことによって、制作の責任を首領に負わせようとしたためといえます[※53]。

〈粉青沙器彫花双魚文扁瓶〉（図128）は、二匹の魚に生命を吹き込んだ迫真の作品です。簡略な筆線からは高い絵画的完成度が感じられます。この他にも、区画線を引き抽象的線文を彫刻した〈粉青沙器彫花線文扁瓶〉（図129）は、中央を線で分割し、魚、蓮花などが区画線の中にきちんと並んだ斜線で表現されています。達人の境地をみせる、蓮池を連想させてくれる扁瓶《へんぺい》です。このようなためらいのない熟練された筆力は、青磁や白磁にはみられない粉青沙器だけの独創性であるといえます。

粉青沙器の魅力は、大胆な省略と自由自在なユーモアあふれる表現能力にあります。〈粉青沙器鉄画蓮花魚文瓶〉（図130）は、補助文様のない中央部に、蓮花のあいだを高速で泳ぐ魚が描かれ、大きく広げたヒレと抽象的な鱗《うろこ》は、迫真の表現をみせています。また、〈粉青沙器鉄画蓮池鳥魚文俵壺〉（図131）は、蓮花が咲いている蓮池から自分の身体よりも大きな魚をつかんで逃げようとする鳥の姿が、おもわず笑いを誘い、反対面に描かれた首を長くのばして蓮池に立つ素朴な鳥の姿は、それとはことなる粉青沙器の叙情性を感じさせます。このような鉄画粉青沙器は、主に公州鶴峯里《コンジュハクボンニ》で制作されました。

刷毛目技法は、刷毛に白土をつけて扮装する技法です。〈粉青沙器刷毛目文大壺〉（図132）は、刷毛が回った痕跡がうつわの表面に残り、さわやかなスピード感がみてとれます。刷毛目粉青沙器は白磁への移行

図128. 粉青沙器彫花双魚文扁瓶
朝鮮時代、15世紀、高さ25.6㎝、口径4.5㎝、底径8.7㎝、サムソン美術館リウム蔵

図129. 粉青沙器彫花線文扁瓶
朝鮮時代、15世紀、高さ23.5㎝、胴径11.9×20.8㎝、サムソン美術館リウム蔵

図130. 粉青沙器鉄画蓮花魚文瓶
朝鮮時代、15～16世紀前半、高さ31.7㎝、口径7.5㎝、底径7.3㎝、サムソン美術館リウム蔵

図131. 粉青沙器鉄画蓮池鳥魚文俵壺
朝鮮時代、15世紀、高さ15.4㎝、胴径12.8×23.0㎝、日本·大阪市立東洋陶磁美術館蔵

期に多く制作されたため、白磁と一緒に出土します。

扮装粉青沙器は白土水にうつわを「どっぷり」（訳註・「どっぷり」という意の擬音を韓国では「トムボン」と発音する）浸けて扮装する方法をとるため、別名「トムボン」ともいいます。たいがい高台をつかんで逆さに浸けるので、〈粉青沙器扮装文壺〉（図133）のように高台付近には白土が扮装されませんが、ときには白土水が高台にたれて格別な効果を生み出す場合があります。高台を含む表面全体が白土扮装される場合、肉眼では軟質白磁と区別できないこともあります。

これまでみてきたさまざまな技法は、結局、表面の白磁化を模索したものです。胎土の混ざりものや灰色の胎土が白土扮装によって覆い隠されるだけでなく、多様な技法が考案される過程で、粉青沙器だけがもつ独創性が発揮されました。

十四世紀の中国は青磁から白磁へ転換した時期で

図133. 粉青沙器扮装文壺
朝鮮時代、15～16世紀前半、高さ13.9㎝
口径10.6㎝、底径7.2㎝、湖林博物館蔵

図132. 粉青沙器刷毛目文胎壺
朝鮮時代、15世紀、高さ39.8㎝
口径14.5㎝、底径16.0㎝
サムソン美術館リウム蔵

あり、高麗では、王朝の交替という政治的な混沌の中で、康津《カンジン》の磁器所が一三七〇年代すでに解体していました。康津の匠人たちは全国に散って象嵌青磁を制作しましたが、器形や文様はすでに変化していました。一三九二年の朝鮮王朝建国にともなって、変化していた末期象嵌青磁は、白土扮装による粉青沙器という新しいジャンルの陶磁器を自然発生的に誕生させたのです。これは、匠人たちの熟練した技術と、より高級な白磁を生産しようとする意志が、新しい芸術世界を創出した結果です。

粉青沙器の変遷

粉青沙器の歴史をひもとくとき、その制作年や文献記録などを通してみることで、胎動期、成立期、発展期、変化衰退期の四つの歴史過程を踏んでいることがわかります。

(1) 胎動期

最初期である胎動期（一三六五～一四〇〇）の特徴は、象嵌青磁の文様の解体と変化、器形の変化、うつわを覆う暗緑色などにあらわれます。この胎動期のはじまりは〈青磁象嵌蓮唐草文「正陵」銘鉢〉（108頁・図119参照）の蓮唐草文からです。また、器形の変化は、十四世紀のS字型梅瓶にはっきりとあらわれています（107頁・図116、117参照）。

蓮唐草文と梅瓶《メイピン》の器形は、この時期、全国の窯跡で確認されており、康津の匠人たちが全国へ拡散していったことがわかります。[※54]

(2)成立期

成立期（一四〇〇～三二）は、鉢の文様に印花文がまばらに捺され、同時に、十四世紀に流行した蓮唐草文の伝統が引き継がれていた時期です。その代表が、「恭安《コンアン》」と「恭安府」の官庁名が捺されている二点の鉢です。

恭安は恭安府の略字であり、朝鮮二代定宗《チョンジョン》王朝の上王府（訳註・譲位した王を補佐する官庁）として一四〇〇～一四二〇年まで存続した臨時官庁です。〈粉青沙器象嵌蓮唐草文「恭安」銘鉢〉（図134）は、内面の模様が〈青磁象嵌蓮唐草文「正陵」銘鉢〉と同じ蓮唐草文になっており、十四世紀の伝統を受け継いでいるのがわかります。※55

一方、〈粉青沙器印花菊花文「恭安府」銘鉢〉（図135）では、まばらな菊花文が内面の中心模様になりはじめており、それゆえ、成立期の上限を恭安府が設置された一四〇〇年と設定しました。このように成立期では、伝統の象嵌技法と新しい印花技法が共存しています。

図134. 粉青沙器象嵌蓮唐草文「恭安」銘鉢　内面
朝鮮時代、1400～1420年、高さ6.0㎝
口径17.3㎝、底径5.6㎝、湖林博物館蔵

図134-1. 粉青沙器象嵌蓮唐草文「恭安」銘鉢　側面

その後印花技法は洗練され、一輪の花が彫られた印鑑で隙間なく全面を埋めたり、一度に数個の花文を捺す集団連圏文へと発展し、粉青沙器技法の主流となっていきます。このような現象は、「敬承府《キョンスンブ》」が刻まれた皿や貞昭公主墓《チョンソコンジュ》（京畿道《キョンギ》高陽郡）から出土した壺でもみることができます。

〈粉青沙器印花菊花文「敬承府」銘皿〉（図136）は、内部に小さな菊花文が隙間なく印花され、「敬承府」という三文字が刻まれています。敬承府とは一四〇二年から一四一八年まで設置されていた世子府（訳註・世子を補佐する官庁）です。

世宗《セジョン》の長女である貞昭公主の墓からは二点の壺が出土しました。〈粉青沙器象嵌草花文四耳壺〉（図137）は、文様の素材が高麗青磁とはことなりますが、鶴文が一部で描かれており、高麗象嵌青磁の余韻を残しています。これに対して、もうひとつの〈粉青沙器印花集団連圏文四耳壺〉（図138）には、安定した集団連圏文がみられます。これら二点の壺は、高麗伝統の象

図135. 粉青沙器印花菊花文「恭安府」銘鉢　内面
朝鮮時代、1400～1420年
高さ7.87.8-9.4㎝、口径16～17.7㎝
高台径5.5㎝、国立中央博物館蔵

図135-1. ＜粉青沙器印花菊花文「恭安府」銘鉢＞側面

嵌技法と新しい印花技法である集団連圏文が同じ時期に共存していたことを示す、好例です。貞昭公主《チョンソンコンジュ》は一四二四年に亡くなったことから、二つの壺の下限年代を知ることができます。四耳がついていることから胎壺（訳註・王室に生まれた子供たちのへその緒を入れるための壺）としてもちいられたことはわかりますが、何故墓から出土したのか、その理由はわかりません。

成立期の状況は、『世宗実録』「地理志」土産条にでてくる三二四か所の磁器所と陶器所の記録によって類推することができます。現在、三二四か所の中の数十か所が、地表調査や発掘によって確認されています。代表的な窯址は、京畿道広州陶水里《キョンギドクァンジュトスリ》、公州《コンジュ》鶴峯里《ハクボンニ》、公州中興里《チュンフンニ》、燕岐《ヨンギ》ソンジョン里《リ》、忠州《チュンジュ》ヨンハ里《リ》、尚州《サンジュ》ウハ里《リ》、チルゴクハクサン里《ニ》、晋州孝子里《チンジュヒョジャリ》、泗川松田里《サチョンソンジョンニ》、コクソンクソン里《ニ》、扶安《プアン》ウドン里《ニ》などです。これらの窯址から蒐集された陶片は、十四世紀象嵌青磁の余韻が残っている蓮唐草文とまばらに印花された陶片がともに出土するという特徴をみせ

図136. 粉青沙器印花菊花文「敬承府」銘皿　側面
朝鮮時代、1402～1418年、高さ3.1㎝
口径14.5㎝、底径5.3㎝、湖林博物館蔵

図136-1. 粉青沙器印花菊花文「敬承府」銘皿　外面

ただけでなく、官庁名が刻まれた陶片がすべて出そろいました。このように成立期の窯址が全国に分布している現象は、胎動期から磁器が貢納の対象であったからです。

(3)発展期

発展期(一四三二~一四六九)は印花技法の絶頂期であり、自由奔放な剝地技法や彫花技法が創出される一方、白磁が粉青沙器窯で制作され始めます。

〈粉青沙器印花集団連圏文「昆南郡長興庫」銘皿〉は、文様の構図が端正な皿です。昆南郡《コンナム》は、『新増東国輿地勝覧』によると、一四一九年から一四三七年まで存続した郡であり、今の泗川《サチョン》市昆陽《コニャン》面に該当

図137. 粉青沙器象嵌草花文四耳壺
朝鮮時代、1424年以前、高さ21.2㎝、口径8.2㎝、底径7.8㎝、京畿道高陽市トギャン区テジャ洞貞昭公主墓出土、国立中央博物館蔵

図138. 粉青沙器印花集団連圏文四耳壺
朝鮮時代、1424年以前、高さ19.1㎝、口径7.5㎝、胴径14.0 ㎝、底径6.6㎝、京畿道高陽市トギャン区テジャ洞貞昭公主墓出土、国立中央博物館蔵

します。この期間に制作された慶尚南道《キョンサンナムド》の集団連圏文の状況を知ることができます。

〈粉青沙器印花菊花文「長興庫」銘鉢〉(図139)は、正統三年(一四三八)の胎誌石(胎壺に入れられる、子どもの出生日を記した石)と一緒に、慶尚北道《キョンサンプクド》の星州《ソンジュ》から出土しました。この鉢には「長興庫」の三文字が内底の中央に象嵌されており、菊花文印が丁寧にひとつずつ印花されています。

これら皿と鉢の二つの例から、一四三〇年代には集団連圏文と個別の印花文が同時に流行していたことを知ることができます。

一四五〇年代の印花技法の粉青沙器には、〈粉青沙器印花集団連圏文「徳寧府」銘鉢〉(図140)と〈粉青沙器印花菊花文「徳寧」銘皿〉があります。前者は、忠清北道《チュンチョンプクド》ヨン洞《ドン》の作品であり、後者は、光州《クァンジュ》市忠孝《チュンヒョ》洞《ドン》の作品です。徳寧府は、一四五五年から一四五七年まで存続した六代端宗《タンジョン》王の上王府であり、器皿の編年基準になります。慶尚道《キョンサンド》と全羅道《チョルラド》の粉青沙器の

図139. 粉青沙器印花菊花文
「長興庫」銘鉢　内面
朝鮮時代、1438年以前、
高さ6.5㎝、口径20㎝、
高台径6.7㎝、国立中央博物館蔵

比較、研究に欠かせない資料です。
〈粉青沙器印花菊花文月山君胎壺〉（図141）は、胎誌石とセットで知られています。これは光州市忠孝洞で発見された作品です。胎誌石の内容から胎壺として使用されたことがわかります。このように、発展期の粉青沙器は印花技法が中心をなしており、地域による印花文様の違いが興味を引きます。

発展期の下限と変化期の上限に設定した一四六九年は、京畿道広州に官窯白磁窯の運用が法制化された年です。一四六九年に完成した『経国大典《けいこくだいてん》』の「工典司饔院京官職条」に、沙器匠三八〇人と法的に定められています。これは国家が必要とする白磁の制作は官窯体制で運用するということを意味します。したがって、貢納物の調達から抜け出した各地の粉青沙器窯は、付加価値の高い白磁生産へと転化していきました。事実、一四三〇年ごろには、粉青沙器の窯で少量ながら白磁が同時に制作されていました。光州《クァンジュ》市忠孝洞《チョンヒョドン》で、七基の窯と、荒らされていない

図140. 粉青沙器印花集団連圏文「徳寧府」銘鉢　内面
朝鮮時代、1455～1457年、
高さ6.1㎝、口径17.7㎝、
高台径6.4㎝
忠北ヨン洞サブ里産、
国立中央博物館蔵

図140-1. 粉青沙器印花集団連圏文「徳寧府」銘鉢　外面

高さ三メートルの廃棄物堆積層が発掘されました。現在、二号窯と廃棄物堆積層が現場に復元、展示されています。二号窯は全長二〇・六メートル、幅一・三メートルで、一三度の傾斜面に粘土と石で築かれた、一文字型の単室窯構造です。

焚き口は深く、火屏風の高さは〇・九メートルもあり、先端には浅い水たまりを架設した排煙施設があるなど、独特の様相を呈しています（図142）。

廃棄物堆積層の中心は印花文鉢と皿で、剝地や彫花技法の瓶や壺は際立った特色をみせています。〈粉青沙器彫花剝地牡丹唐草文瓶片〉（図143）がその中で注目されます。

また、粉青沙器祭器片、白磁、銘文片といった出土品も多くの情報をわれわれに提供してくれます。とくに、簠《ボ》（訳註・穀物を盛る外方内円の祭器）、簋《クエ》（きびを盛る礼器）、尊《チュン》（酒器）、爵《チャク》（さかずき）のような金属祭器を陶磁器で

図141. 粉青沙器印花菊花文月山君胎壺
朝鮮時代、1454～1462年、高さ35.7㎝、口径17.0㎝、底径18.2㎝
光州忠孝洞産　大阪市立東洋陶磁美術館蔵

図141-1. 粉青沙器印花菊花文月山君胎壺胎誌石

真似て作ったのが〈粉青沙器祭器簠〉（図144）の本体と蓋です。世宗《セジョン》十二年（一四三〇）に銅が不足するや、金属祭器を陶磁器に取り換えたとする記録がありますが、その記述を裏づける実物です。※56 祭器は最初、銅器の形をそのまま真似ていましたが、時間の経過とともに鋭利な線は消え、丸みを帯びた形へと変化していきました。※57

忠孝洞窯址から出土した銘文には、「茂珍内贍」「内贍」などがあり、貢物表示としては、「光上」「光別」「光公」などがあります。「茂珍」は「光州」のかつての地名であり、一四三一年から一四五〇年まで使われました。制作年代を知ることができるのは、「成化丁酉」銘墓誌片と「丁閏二」銘粉青沙器鉢や白磁鉢であり、これらはみな一四七七年に制作されています（図145）。〈粉青沙器刷毛目「어존《オジョン》)」銘高杯〉（図146）はハングルの銘文であり、世宗二十八年（一四四六）に訓民正音《くんみんせいおん》が頒布《はんぷ》され、ハングルが創造された後の作品であるという点で、注目されます。

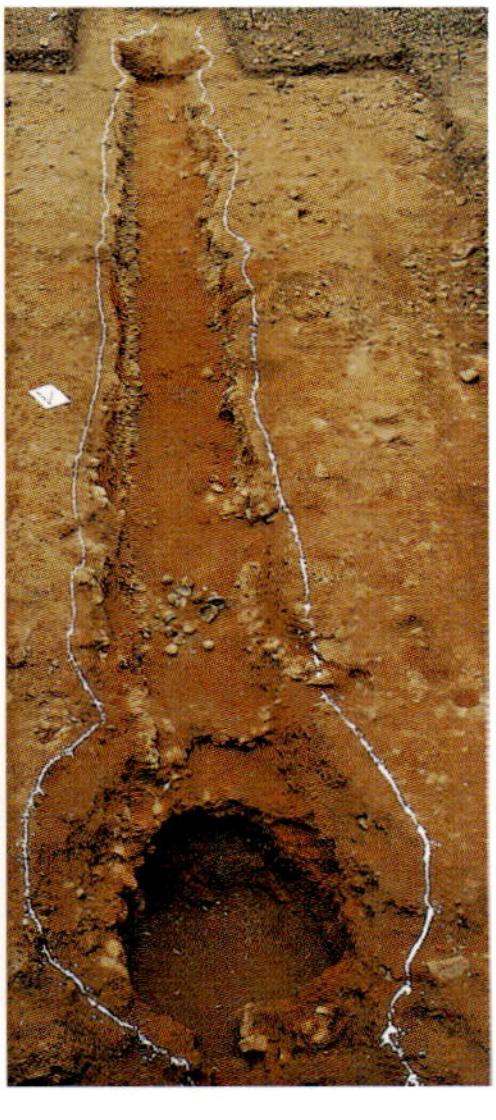

右／図142. 忠孝洞粉青沙器２号窯全景写真
朝鮮時代、15世紀、全長20.6m
幅1.3m、光州広域市北区忠孝洞
光州市立民俗博物館『無等山粉青沙器』、1999、55頁引用

左上／図143. 粉青沙器彫花剝地牡丹唐草文瓶片
朝鮮時代、15世紀前半、光州広域市北区
忠孝洞窯址出土、国立中央博物館蔵

左下／図144. 粉青沙器祭器簠　本体
朝鮮時代、15世紀前半、光州広域市北区
忠孝洞窯址E2出土、国立光州博物館蔵

この他、沙器匠の名を高台の内側に刻んだ例は忠考洞窯の特徴であり「金禾中」「得夫」「閑生」「莫生」などの名が刻まれた品が、多数出土しています。

忠考洞《チョンヒョドン》の粉青沙器窯から「丁閏二」の三文字が刻まれた粉青沙器鉢と白磁鉢が出土したことによって、白磁の制作は一四五〇年以後に始まり、一四七〇年代には本格的に粉青沙器と一緒に生産された事実が明らかになりました。したがって、忠考洞の粉青沙器窯址の廃棄物堆積層遺跡は、京畿道広州《キョンギドクァンジュ》官窯以外の地方窯での白磁制作時期を究明するのに欠かせない基準となります。忠考洞の粉青沙器窯の活動は、『世宗実録』「地理志」の茂珍郡磁器所の記録と『新増東国輿地勝覧』光山県土産条の記録によると、[※58] 世宗時代から成宗時代までの約九〇年間つづけられたことになります。

公州鶴峯里《コンジュハクボンニ》の粉青沙器窯は、忠考洞窯址とともに韓国を代表する二大粉青沙器窯址です。鶴峯里粉青沙器窯址は、日帝強占期であった一九二七年に発掘

図145. 茂診内贍・光・光公・光別・光二・丁閏二・成化丁酉　各種銘文、
忠孝洞粉青沙器窯址出土

されて学会に知られるようになりましたが、それまで無差別に破壊されてきました。『世宗実録』「地理志」忠清道公州牧土産条に、東鶴洞には中品と評価される磁器所があると記されています。[※59] 東鶴洞は現在の鶴峯里であり、ここには数十基の窯址が確認されております。一四二〇年代〜一五三〇年代まで、一〇〇年以上窯業が続けられたことを、収集された陶片から知ることができます。

とくに十五世紀後半ごろには、鉄画粉青沙器だけでなく白磁も生産されていた状況がわかります。一九九二年、国立中央博物館によって五号窯が再発掘されましたが、そのときには廃棄物堆積層はほとんど失われており、体系的な学術調査資料は得られませんでした。ただ、窯の構造は、水たまり型焚き口と一文字型焼成室形態であり、焼成室の中央には等間隔で粘土停焰柱が一本ずつ施設されていたこと

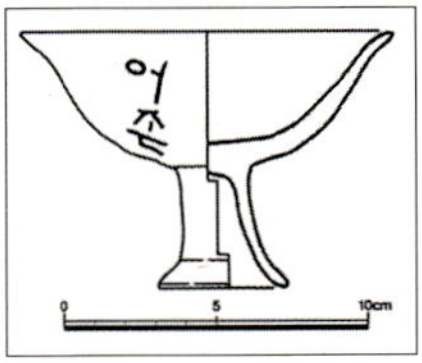

図146. 粉青沙器刷毛目文「어존」銘高杯
写真、図面
朝鮮時代、1446年以後
光州広域市北区忠孝洞粉青沙器窯址W2-3層出土

を確認することができました（図147）。

（4）変化衰退期

変化衰退期（一四六九〜一五四〇年ごろ）は、中央の白磁官窯の影響下で地方ごとの変化がおき、地域の特性がはっきりとあらわれる時期です。貢納の義務がなくなった窯は、浅く粗雑になった印花文の上に白土を刷毛で軽く塗る、または文様のない鉢の内外面に白土の刷毛跡だけをさっとつけるうつわを制作しました。

忠清南道《チョンチュンナムド》公州《コンジュ》鶴峯里《ハクボンニ》の鉄画粉青沙器には、地域的特性がもっともよくあらわれています。とくに鉄画技法の墓誌である「成化二三年銘墓誌片」「弘治三年銘　墓誌片」「嘉靖一五年銘　墓誌片」などがここで収集され、鶴峯里の鉄画粉青沙器の制作時期は一四八九年、一四九一年、一五三六年のあいだである可能性が高いといえます。

この鉄画粉青沙器の模様は、プロの画家の筆致《ひっち》とはことなりますが、ユーモアあふれる闊達な筆づかいによって韓国人の美的情緒の一面をよくあらわしています。なぜ公州鶴峯里だけで鉄画粉青沙器が特徴を示しているかはわかりませんが、鶴峯里で鉄画粉青沙器が制作された時期に、京畿道広州《キョンギドクァンジュ》の官窯ではコバルト原料で絵を描いた青画白磁が本格的に生産されていました。官窯で、図画署所属の専門画家

図147. 公州鶴峯里粉青沙器窯７号
停焔柱、著者撮影

が歳寒三友《さいかんさんゆう》の松竹梅を青画顔料で描いているとき、鶴峯里では、魚、蓮池、草花などを鉄画顔料で描いていました。それゆえ、自由闊達な鶴峯里の粉青沙器の鉄画文には、庶民的なユーモアあふれる特徴が息づいています。

全羅北道高敞龍山里《チョルラプクドコチャンヨンサンニ》の粉青沙器窯は、その構造と出土した陶片に特徴をみせています。窯の構造は、停焔柱《プルテドゥン》（訳註・火の流れを調節する柱）が三個ずつ設置された階段式で、長さ二五・六メートル、幅一・五～一・六メートル、一四度の傾斜面に築造された「単室停焔柱階段式窯」です。これは韓国の窯の発達史上、階段式構造の始原を示す窯であり、窯の中には三個の停焔柱が設置されています。一個の停焔柱をもっている公州鶴峯里の単室停焔柱窯とはことなった地域性をみせており、注目されます（図148）。

出土遺物は、〈粉青沙器草花魚文壺片〉（図149・150）のように、逆象嵌彫花技法に特徴があり、「内贍」や「礼賓」の官名が粉青沙器と白磁の両方にみられます。出土遺物の様相は忠孝洞と似ており、活動時期はおよそ十五世紀中期から後期、『世宗実録』「地理志」には記録されていません。

変化衰退期の粉青沙器窯は、白磁に移行する過程で、刷毛目《はけめ》粉青沙器や粉引《こひき》粉青沙器のようにうつわの表面全体の白磁化を試みた一方、無文の灰白磁を制作しました。質のよい白磁胎土の確保が白磁制作の鍵であるため、胎土の問題さえ解決できれば、白磁の制作はそれほど難しいことではありません。白磁の原料確保は、鉱脈の中に白土帯が形成された土脈をみつければよく、それができれば窯を築き、白磁を生産することができます。

これまで、粉青沙器の概念、特徴、変遷、窯構造などについてみてきました。粉青沙器は十五世紀のやきものであり世宗《セジョン》の治世年間に大きく発展しました。世宗は、訓民正音を公布したことでもわかるように、民族文化を完成させた王です。訓民正音、音楽、天文機器、農学書、薬学書などを創意的に制作、著述しました。ひいては、蔣英実《チャンヨンシル》のような民衆発明家があらわれる時代でした。

このように民族文化が成熟した時期、陶磁工芸において粉青沙器が生産されました。当時は特別な名前をつける必要もなく、たんに磁器として存在していた粉青沙器。そのもととなったものは青磁のうつ

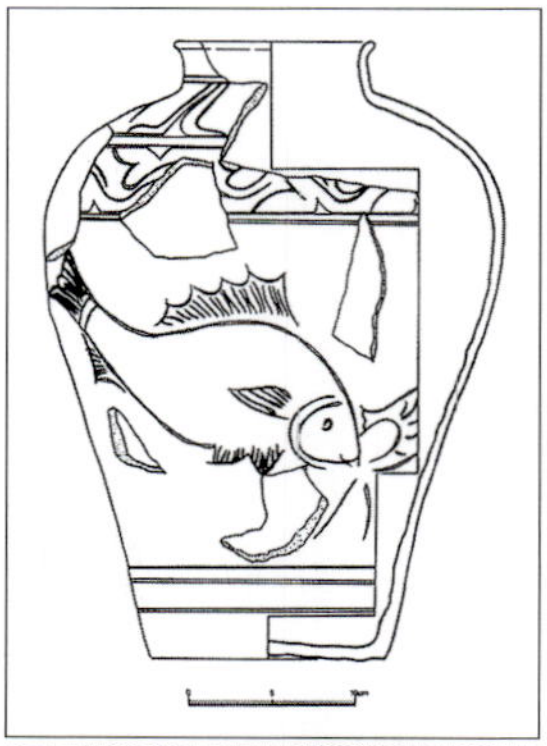

図148. 高敞龍山里1号粉青沙器窯全景
朝鮮時代、15世紀 中後半、長さ25.6m、幅1.5 ～ 1.6m、全北高敞郡扶安面龍山里、撮影著者

図149. 粉青沙器彫花魚文壺片　図面
朝鮮時代、15世紀 中後半、全北高敞郡扶安面龍山里、国立光州博物館蔵

図150. 粉青沙器印花文「内贍」「禮賓」銘皿片
朝鮮、15世紀中～後半、全羅北道高敞郡富安面龍山里出土、光州国立博物館蔵

わです。青磁の生地は白土で粉飾され、表面には自由奔放な絵が描かれました。官庁へ貢納するうつわは、丁寧に印花文で模様つけされた印花技法の粉青沙器であり、官司名や地名が刻まれるという特徴をもっています。このように、粉青沙器は象嵌青磁から自然にはじまり、表面白磁化の道を歩んだ当然の結果として白磁に吸収されるまで、約二〇〇年のあいだ生産された韓国を代表する陶磁器です。

粉青沙器のはじまりと終わり、そして白磁へ移行していくようすは、光州忠孝洞《クァンジュチュンヒョドン》の窯によって知ることができ、また、階段式窯構造のはじまりは、高敞龍山里《コチャンヨンサンリ》の粉青沙器窯が教えてくれます。焼成室の中に停焔柱《プルキドゥン》をもうけ効果的に焔を誘導した単室停焔柱窯の構造は、公州鶴峯里《コンジュハクポンニ》の粉青沙器窯で確認できました。

粉青沙器には韓国人の心性がそのままあらわれています。中でも、彫花粉青沙器に描かれた鳥、魚、木などの表現は思わず笑いを誘い、また、思い切りのよい闊達な筆力には、韓国人の原初的な美意識が表出しています。韓国の美術品の中から、もっとも韓国的な作品をひとつだけ選ぼうとするとき、多くの人が迷うことなく粉青沙器を選ぶのは、そこに純粋な韓国人の心が鮮やかに盛り込まれているからでしょう。

一生の天職として毎日数百個のうつわを造成するうちに、神気がうつわに移りこんでいきます。限りない繰り返しの過程において、おのずと道が開け、土をこねて形をつくり火で焼くうちに、うつわは火の中で芸術にまで昇華します。このような平凡な真理の産物である粉青沙器の末期につくられた鉢が、隣国日本の人々に茶器としてえもいわれぬ感銘を与え、日本の貴重な文化財として扱われています（図151）。それゆえ、粉青沙器は韓国の陶磁文化だけでなく、日本の陶磁文化にも、貢献したところ大だといえます。

図151. 大井戸茶碗　銘さかい
朝鮮時代、16世紀、高さ9.3㎝、口径16.3㎝、
高台径5.8㎝、日本　根津美術館蔵

3 白磁

朝鮮白磁とは、朝鮮時代につくられた白磁を意味します。高麗時代から白磁はつくられていましたが、それがそのまま朝鮮王朝へと継承された痕跡は、明らかではありません。朝鮮の建国とともにはじまった明国との交流が白磁の制作に拍車をかけ、ただちに、朝鮮白磁のみがもつ固有性が発揮されました。仏教国であった高麗王朝の中心が青色の青磁であったのに対し、儒教社会を築き上げた朝鮮王朝は、白磁を崇《あが》め尊びました。

国家の倫理規範は五礼を基礎として確立されました。[※60] 五礼の儀式にはさまざまな器物が必要であり、白磁がその重要な役割を果たしました。世宗《セジョン》の代に完成、一四五一年に刊行された『五礼義』、そして成宗五年(一四七四)に刊行された『国朝五礼義』には、五礼の礼法と手順が図入りで記されています。これらの図解をみると、金属器とともにさまざまな種類の白磁が描かれています。これによって、朝鮮王朝の五〇〇年間は白磁が器皿の中心であったことがわかります。

朝鮮白磁は、京畿道広州《キョンギドクァンジュ》の官窯と官窯以外の地方窯で制作されました。官窯の運営は、王と宮廷の食事を担当していた司饔院の官吏が主管していました。陶磁器焼成の任務が法典に定められていたわけではありませんが、司饔院が全国から選抜した三八〇人を確保していた点からみて、陶磁器の制作が司饔院の重要な業務であったことがわかります。このような朝鮮白磁制作の官窯体制が確立したのは、一四六九年以後です。工曹の官吏ではない司饔院の官吏が広州に出かけて制作の監督をしていたので、司饔院の派遣官庁という意味で、官窯を別名「分院《ブンノン》」または「沙器所《サギソ》」と呼んでいました。

広州《クァンジュ》官窯以外の地方では、中央官庁への貢納の義務のない私窯として白磁窯が運営されました。したがって、朝鮮白磁は官窯白磁が中心をなし、地方白磁は官窯との一定の関係下で制作されました。朝鮮後期には底辺が拡大され、全国で窯業が盛んになりました。

白磁の特徴と種類

(1)特徴

朝鮮白磁は、色、文様、形、制作技法などにその特徴をみることができます。

京畿道《キョンギド》の官窯で生産した白磁表面の色調は、どの地方の土を使ったかによって違います。成俔《ソンヒョン》が著した『慵斎叢話』に、「……白土だけを使用した磁器は、全霊をこめてつくってこそはじめて使用に耐えるものとなり……世宗の御器としては白磁だけを使用した……」[※61]とあります。ここには、白土を使用した白磁が全霊をこめてつくられていることと、王が使用する御器は白磁であることが示されています。

図152. 白磁月壺
朝鮮時代、18世紀前半、高さ41.0㎝、胴径40.0㎝、口径20.0㎝、底径16.0㎝、国立中央博物館蔵

また、祭器は白土実験に合格したものだけを使用し、きれいな白磁の祭器を制作しようと努力した記録がたくさんあります。文献によれば、官窯でもちいる胎土は、広州水土、楊口白土、晋州白粘土、昆陽水乙土、鳳山西面白土、原州白土、瑞奥南山白粘土、沙峴、楊根、宣川、忠州、慶州などの白土です。

朝鮮白磁の特徴は、誇張がなく、大らかで端正なその形にあります。白磁は白一色であるために「退屈なもの」と勘違いされるかもしれませんが、満月のような〈白磁月壺〉(図152)は、ふくよかな形にあふれんばかりの内容が盛られています。実用が強調されてはいますが、控えめな線の流れは快《こころよ》いプロポーションをみせてくれます。

十五世紀に流行したコバルト顔料で図画署(訳註・宮廷内の官庁)の画家が描いた松竹梅の歳寒三友は、志操《しそう》と節義を象徴する画題で〈白磁青画梅竹文壺〉(図153)は、その代表例です。

南朝の文人画風が流行した十八世紀には、瀟湘《しょうしょう》八《はっ》

図153. 白磁青画梅竹文壺
朝鮮時代、15世紀、高さ41.0㎝、口径15.7㎝、底径18.2㎝、国宝219号、サムソン美術館リウム蔵

図154. 白磁青画洞庭秋月文花瓶
朝鮮時代、18世紀、高さ32.5㎝、口径17.4㎝、底径13.5㎝、宝物1390号、サムソン美術館リウム蔵

図155. 白磁青画虎鶴文壺
朝鮮時代、18世紀後半、高さ45.1㎝、胴径33.9㎝、日本·大阪市立東洋陶磁美術館蔵

景図《けいず》のひとつである洞庭秋月図《どうていしゅうげつ》が描かれました。〈白磁青画洞庭秋月文花瓶〉（図154）は、量感あふれる形と図案の理想的な調和を備えています。〈白磁青画虎鶴文壺〉（図155）は、漢江《ハンガン》の近くに位置した分院《ブンノン》周辺の景色を描写したいわゆる分院山水画であり、民画的な滑稽《こっけい》さを帯びた虎と鶴は余白を残して描かれています。

このように朝鮮時代後期には明・清時代の華やかな多色の陶磁器は受容せず、できる限り余白を生かした清楚な青画白磁だけを好んだ士大夫文化の文気（訳註・文人の気風）がただよっています。この他、面を削り取った角瓶の流麗な造形の上に竹二〜三本を描いた、〈白磁青画竹文角瓶〉（図156）も文気があふれています。とくに、壬申《イムジン》・丁酉倭乱《チョンユウェラン》後財政がひっ迫し、コバルト顔料の購入が困難になった十七世紀には、豊富な国内産の鉄画顔料でおどけた龍、虎、鶴、竹などがこのんで描かれ、豊かさと美しさをもたらしました。〈白磁鉄画虎鷺文壺〉（図157）はその一例です。

白磁の制作には耐火土でつくった匣鉢《さや》に入れて焼く匣器《カプキ》があります。匣器はほこりや傷のつかないきれいなうつわで、御器や祭器は匣器です。民需用は匣鉢に入れず重ね焼きをします。

図156. 白磁青画竹文角瓶
朝鮮時代、18世紀
高さ40.6cm、口径7.6cm
底径11.5cm、国宝258号
サムソン美術館リウム蔵
図5-1. 白磁青画竹文角瓶
反対面

図157. 白磁鉄画虎鷺文壺
朝鮮時代、17世紀後半、高さ30.2㎝、口径15.6㎝
底径11.5㎝、日本·大阪市立東洋陶磁美術館蔵

図157-1. 白磁鉄画虎鷺文壺　反対面

うつわを重ね焼きするときには、器底の接地面に耐土を丸くこねてつくった小石状の目を三～五個はさんで焼くので、鉢や皿の内側に目の跡が残っています。耐土の目は十七世紀以後には姿を消し、粘土を混ぜた砂をもちいるようになりますが、後期には器底(糸底)全体に砂をはさんで焼く重ね焼きが流行します。

(2)種類

朝鮮白磁の種類には、純白磁、象嵌白磁、青画白磁、鉄画白磁、銅画白磁などがあります。これらの分類は白磁の表面にどのような顔料で絵つけしたかによって区分したものです。白磁の他には、青磁、黒釉磁、石間硃《せきかんしゅ》(訳註・中国彩陶における紅色)、烏瓷器《オジャギ》(素焼きの土器)、甕器《オンギ》、土器などがあります。

純白磁は、純度の高い白の胎土に混じりけのない石灰釉《せっかいゆう》をかけ、高温で焼いた、硬質で装飾文のない白磁をいいます。純白磁は、朝鮮時代末期まで、白磁の中心を成していました。十五世紀の純白磁には貫入《かんにゅう》がなく、にごりのない透明な乳白色の釉薬がむらなくほどこされ、朝鮮王朝全期を通してもっとも格調高い白磁の姿をみせています。その中のひとつが〈白磁瓶〉(図158)です。青磁瓶の曲線とはことなる控えめな形をしており、優雅さが際立っています。また、〈白磁飯盒〉(図159)は、胴体が豊満で、外側に開いた高台が安定感をくわえ、蓮のつぼみの形をした蓋のつまみはうつわ全体に小さなアクセントを添えています。

図158. 白磁瓶
朝鮮時代、15世紀、高さ36.2㎝、口径7.4㎝、底径13.5㎝、宝物1054号、国立中央博物館蔵

象嵌白磁は、高麗象嵌青磁と同様、陰刻した線内に赤土を入れて黒色の線模様を表現したものです。ときには、陰刻した文様の線上に象嵌をほどこさず筆で描いたものもあり、朝鮮象嵌白磁だけの特徴をみせていますが、これは青画白磁の影響のようです。象嵌技法は高麗十二世紀に流行しはじめ十五世紀朝鮮時代にまで引き継がれた、韓国人がこのんでもちいた装飾技法のひとつです。

象嵌白磁の模様の類例としては、中国明の青画白磁の影響が感知される、丸みを帯びた蓮唐草文が描かれた〈白磁象嵌蓮唐草文鉢〉(図160)があります。この鉢の内面口縁部には、粉青沙器の模様である草花文が従属文として描かれており注目されます。このような高級象嵌白磁は王室用の進上品としてつくられました。

一四六六年に制作された〈白磁象嵌「晋陽郡令人鄭氏之墓」銘墓誌石〉(図161)は、〈白磁象嵌草花文扁瓶〉(図161—1)や〈白磁盃・盃台〉とともに出土し、象嵌

図159. 白磁飯盒
朝鮮時代、15世紀、全高22.7㎝
盒鉢高さ15.5㎝、口径15.5㎝
底径9.4㎝、蓋高さ9.4㎝
宝物806号、湖林博物館蔵

図160. 白磁象嵌蓮唐草文鉢
朝鮮時代、15世紀、高さ7.8㎝、口径17.5㎝、底径6.2㎝、国宝175号、国立中央博物館蔵

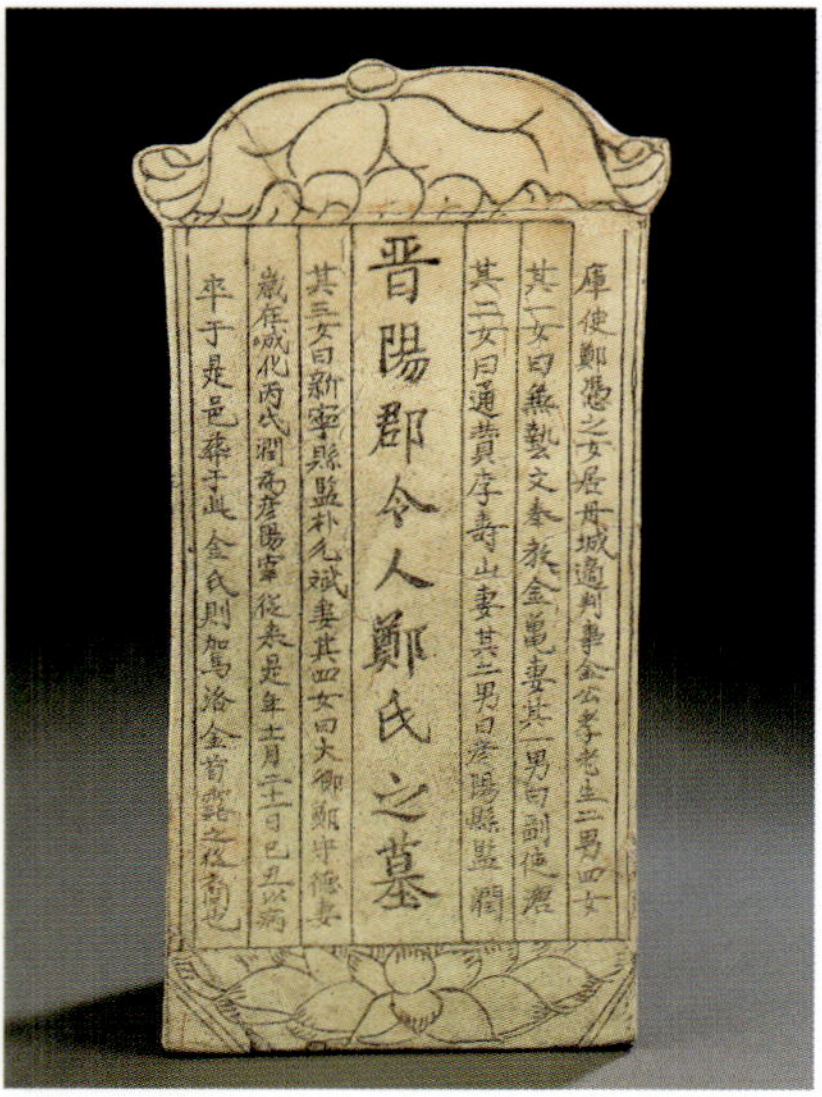

図161. 白磁象嵌「晋陽郡令人鄭氏之墓」銘墓誌石
朝鮮時代、1466年、高さ38.0㎝、幅20.4㎝、
国宝172号、サムソン美術館リウム蔵

図161-1. 白磁象嵌草花文扁瓶
朝鮮時代、1466年、高さ22.1㎝、幅·口径3.7㎝、
底径7.7㎝、国宝172号、サムソン美術館リウム蔵

白磁の編年基準を与えてくれます。墓誌石は位牌の形をしており、文字は端正。扁瓶《へんぺい》の模様は蓮花唐草文の変形で、粉青沙器の文様と一脈通じる部分があり、注目されます。六角星形の把手《とって》のついた盃も、制作時期推定の助けとなります。

青画白磁は、コバルトを使って絵を描いた白磁です。最初に制作された朝鮮の青画白磁は、中国の元、明の影響を受けていましたが、すぐに朝鮮的な特徴が発揮されました。中国の青画白磁は宋代に発生したとする説も提示されていますが、今では十四世紀に発生したとする説が通説となっています。

朝鮮へ中国の青画白磁が入ってきた時期は、顯宗《ヒョンジョン》六年（一六五五）に書かれた、「大司成金益熙が宴の席で進言していう。太宗《テジョン》王（一四〇〇～一四一八年）が高麗の国子博士であったとき（一三八三年以後）に愛用していた青華（画）白磁盞を、即位した後成均館《ソンギュンカン》（訳註・儒教教育を担当する官庁）に下賜して保管させた。多くのソンビが太学（成均館）に集まって酒を飲むときその盞で回し飲みするのを許可した……」[※62]という文章からみて、高麗末と推定されます。世宗《セジョン》年間（一四一八～一四五〇）に中国の青画白磁は輸入、伝来、進上、賜与などの方法で流入したという、さまざまな記録があります。これらが朝鮮の青画白磁の生産に刺激を与えました。

鉄画白磁は鉄砂《てっしゃ》で絵を描いた褐色文のある白磁です。朝鮮時代の鉄画白磁は、十七世紀にその特徴が確立されました（154頁・図157を参照）。十八世紀前半の〈白磁鉄画葡萄文壺〉（図162）は朝鮮白磁の傑作のひとつです。月壺の器形を基本にしながら、ふくらみをもたせた肩、なめらかに形成された腰から節度ある気品をた

図 162. 白磁鉄画葡萄文壺
朝鮮時代、18 世紀前半、高さ 53.9㎝、口径 19.4㎝、底径 19.1㎝、国宝 107 号、梨花女子大学博物館蔵

だよわせています。肩まわりの模様は、葡萄の房の垂れさがった枝がごく自然に配置され、従属文を省略することによって、余白の美しさが慎み深く表現されています。このような鉄砂顔料の使用は、すでに高麗鉄画青磁において独自性を発揮しており、公州鶴峯里《コンジュハクボンニ》の粉青沙器においても強い個性を残しました。鉄画白磁は、壬申《イムジン》・丁酉倭乱《チョンユウェラン》と清軍による丁卯《チョウミョウ》・丙子胡乱《ビョンジャホラン》の二つの大乱後、国家財政がひっ迫したとき、広州《クァンジュ》官窯で不足したコバルトに代えて鉄砂顔料が使用され、たいへん流行しました。

銅画白磁は、別名辰砂《しんしゃ》白磁とも呼びます。酸化銅を顔料として使った白磁です。酸化銅は高麗十二世紀ごろから使用されました。朝鮮時代にはそれほど流行はしませんでしたが、十八世紀以後に使用が増えました。[※63] 銅画白磁の文様には、虎、鶴、松の木などの民画的な内容と、蓮花、僧侶のような仏教的な内容がありますが、これは十八世紀以後の庶民文化の拡散や仏教の振興と関連があるようです。〈白磁銅画蓮花文壺〉（図163）はその一例です。このように銅画白磁はそれなりの個性をみせてはいますが、赤色に対する一般人の好感度はそれほど高くありませんでした。

朝鮮青磁は世子の専用器の名です。王は白磁を、王世子は青磁をそれぞれ分けて使いました。これにより、朝鮮王朝の儒教秩序の一端を器名によってうかがい知ることができます。王世子の器名が青磁であるのは、生理学に立脚した陰陽《いんよう》五行説《ごぎょうせつ》により、東は青であり、また、夜明けを象徴するところから出発しています。景福宮に配置された王世子が暮らす東宮は、王宮の東側に位置し、青宮と呼ばれました。胎土は高級白磁のものをもちい、釉薬は青磁釉をもちいる、いわば白胎青釉の青磁です。これは高麗青

図163. 白磁銅画蓮花文壺
朝鮮時代、18世紀後半、高さ27.6㎝、日本·大阪東洋陶磁美術館蔵

磁とはことなる緑色を帯びており、十七世紀まで制作されました。[※64] 残された青磁は多くありませんが、十五世紀に制作された端雅な〈青磁壺〉(図164)が残されています。

白磁の変遷

朝鮮白磁の歴史は、初期、中期、後期、末期の四期に分けることができます。朝鮮白磁を主導したのは官窯白磁であったため、ここからはそれを中心に述べることにします。

(1)初期

初期(一三九二〜一五九二)は、建国から壬申《イムジン》・丁酉倭乱《チョンユウェラン》がおこり窯業が中断された一五九二年までの二〇〇年間です。

十五世紀の前半、広州《クァンジュ》では粉青沙器と白磁が同じ窯場で制作されていたため、器形、文様を互いに共有していました。[※65] 白磁は御用の進上品であり、粉青沙器は献納品の対象でした。太宗《テジョン》十七年(一四一七)、官物の盗用を防ぐため官庁銘をうつわに刻ませましたが、そのときも白磁に官庁銘を刻む必要はありま

図164. 青磁壺
朝鮮時代、15世紀、全高23.4㎝、壺高さ19.0㎝、口径20.8㎝、底径12.3㎝、蓋高さ6.0㎝、直径14.2㎝、宝物1071、湖林博物館蔵

せんでした。

世宗《セジョン》七年(一四二五)に中国から来た尹鳳《ユンボン》が明国成祖の聖旨を伝えるかたわら、一〇卓分二一〇個の白磁を要求し、京畿道広州牧使が「精細燔造」して献げたという記録があります。[※66] また、先に言及したように「世宗の御器には白磁のみを使った」という成俔の『慵斎叢話』からも、白磁生産の状況を知ることができます。このように朝鮮は、一四二五年ごろ御器として白磁を使用しただけでなく、明の王室へ贈るほどのすぐれた白磁を制作していました。しかし、当時の白磁の制作は、官営手工業体制、すなわち、官窯運営ではありませんでした。

朝鮮二十八王実録の中で唯一、『世宗実録』にだけ八道の「地理誌」が付録で入っています。集賢殿を中心に調査した地理誌は、国家統治の基本資料です。地理誌編纂のための調査期間は一四二四～一四三二年であり、一四五一年に『世宗実録』の付録として編纂され、王朝五〇〇年の財政的基調となりました。「地理誌」土産條には土産貢物に関する記事があり、それによると、陶磁器貢納の対象は磁器所と陶器所に区分されており、全国三二四か所が調査されています。磁器所では粉青沙器と白磁が、陶器所では土器と甕器が制作されていたことがわかります。

当時の官庁を中心に東西南北に磁器所、陶器所の位置を表示し、また、上品、中品、下品と貢納の基準を定めています。上中下の基準はうつわの品質というよりは貢ぎ物の受け取り体制に基づく基準であったと判断されます。ただ上品だけは全国三二四か所中わずか四か所に過ぎず、文字通りの最高級白磁を意味したと思われます。四か所は、京畿道広州伐乙川《キョンギドクァンジュポルルチョン》、慶尚道尚州《キョンサンドサンジュ》の己未隈里《イミウェリ》と楸縣里《チュヒョンニ》、それに高霊《コリョン》の曳峴里《イェヒョンニ》です。これら四か所の現在の地名は、伐乙川は広州樊川里《ポンチョンニ》、己未隈里は尚州サンパン里、楸縣里は尚州テピョ里《リ》、曳峴里は高霊キサン洞《ドン》であると推定しています。

世宗(一四一八～五〇)年間にはまだ青画白磁は生産されておらず、伝来、進上などの方法で入ってきた明の青画白磁を主に使用したようです。反面、青画白磁へとつづく象嵌白磁や粉青沙器は当時盛んに制作されていました。象嵌白磁は、青画白磁が本格的に生産されはじめた一五世紀後半にはほとんど姿を消します。このように、世宗年間には青画白磁制作に関する記録は見当たりませんが、青画白磁制作に大きな関心が傾注されていました。

世祖元年の記録に、「工曹が中宮酒房で使用する金盃をつくるよう申し出たところ、王は画磁器で代替するよう命じ、東宮でもやはり磁器をつくって使わせた」とあります。[※67] 事実、その翌年の世祖二年に、コバルトで墓誌銘が書かれた世祖の義母・仁川李氏《インチョンイ》の〈白磁青画「興寧府大夫人景泰七年」銘墓誌石〉(図165)が発掘され、文献記録を裏づけています。墓誌石に使用されたコバルト顔料が国産顔料であるか輸入顔料であるかの判断は容易ではありませんが、世祖元年に青画白磁が制作されたことだけは確かなようです。

ところで、世宗三十年、王が礼曹《イエジ》(訳註・礼学、祭祀、宴享、科学などを司る六曹のうちのひとつ)に「聞くところによると、中国では青画白磁を外国の使臣に売ったり与えたりすることを禁じ、それを犯した者の罪は死刑にまでいたるというので、今後北京や遼東へいくとき磁器の取引を禁止しなさい」と伝えた記録があります。[※68] したがって世祖二年につくられた青画白磁は、明との貿易が禁じられた後の作品です。そうだとすれば、世祖元年以前に青画白磁が制作された可能性は十分にあります。

世祖十三年に完成した『経国大典』刑典禁制條に、「大小員人(官吏)は…金銀・青画白磁の酒器は使

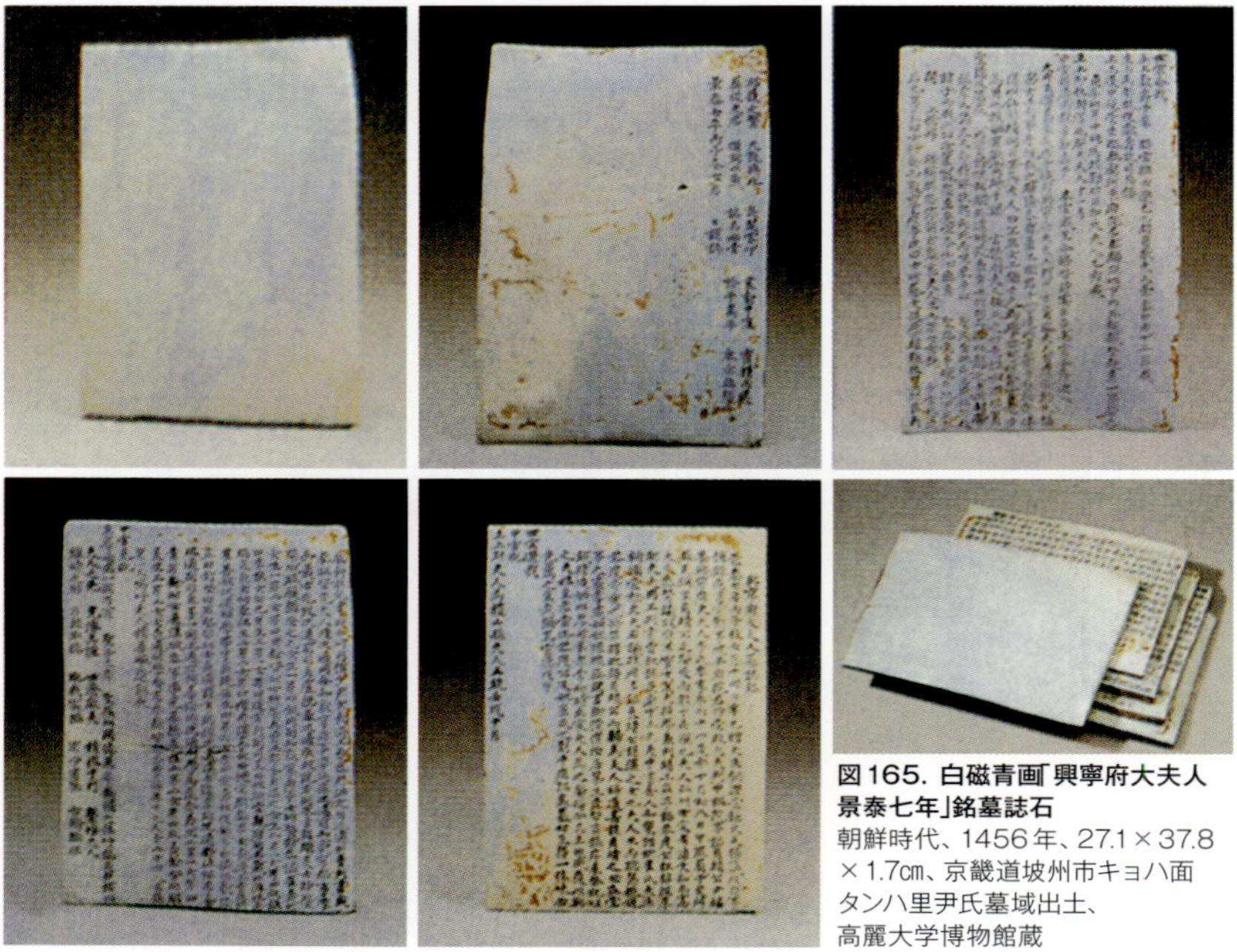

図165. 白磁青画「興寧府大夫人景泰七年」銘墓誌石
朝鮮時代、1456年、27.1×37.8×1.7㎝、京畿道坡州市キョハ面タンハ里尹氏墓域出土、
高麗大学博物館蔵

用することができるが、その他の金銀・青画白磁器を使用することはできない。使用した者は厳罰に処す。庶民は男女を問わず金銀・青画酒器の使用を禁じる…」[※69]とあり、士大夫層だけが青画白磁の酒器を使用できたことがわかります。このように青画白磁はごく限られた範囲で使用された高級品でした。これは青画白磁が金銀に次ぐ貴重品であったことを意味し、禁制条項の記録によると、コバルト顔料の確保が困難であったことにも起因していることがわかります。

世祖《セジョ》はより積極的に国産のコバルトを探そうと努力しました。世祖九年(一四六三)の記録に、全羅道《チョルラド》康津《カンジン》、慶尚道密陽《キョンサンドミルヤン》と義城《ウイソン》からそれぞれコバルトの類似物を採取して献上したとありますが、焼成に関する記録はありません。[※70]ところで、睿宗《イェジョン》元年(一四六九)には、「……康津県で生産されるコバルトは使えそうであるから試験的につくって献上しなさい」という記録と「……これを探した邑人には官職を与え、飛び級して登用し、布五〇匹の褒美を与える。康津県だけでなく外の道にも知らせなさい」という記録があります。[※71]これらの記録を総合してみると、国内でもコバルト顔料をある程度採取し、焼成も試みたようですが、実際に青画白磁として成功した事例を確認することはできません。現在韓国で採取されるコバルト顔料はごくわずかであることからも、その当時は中国などから輸入したコバルトを主に使用したものと判断され、法典の禁制条項に明示したものと思われます。

青画白磁の制作は、一四六九年に官窯が設置されたのち、本格化します。青画白磁の模様は、当時の絵画の画風をみせながら始まり、発展しました。青画白磁の模様が絵画の画風と密接であった理由は、図画署の画家が広州の官窯にいき絵を描いたからです。『新増東国輿地勝覧』の京畿道広州《キョンギドクァンジュ》牧土産条に、「毎年司饔院官吏は画員を引率し、御用器制作を監督する」とあることがそれを裏付けています。[※72]

図166. 白磁青画松竹文「弘治二年」銘壺
朝鮮時代、1489年、高さ49・0㎝
口径13.2㎝、底径17.5㎝、国宝176号
東国大学博物館蔵

図166-1. 白磁青画松竹文「弘治二年」銘壺
銘文細部

〈白磁青画松竹文「弘治二年」銘壺〉(図166)はその代表的な例です。口縁部の内側にコバルトで「弘治二年」(一四八九年)と書いてありましたが、修理のさい「二年」の字が隠れてしまいました。堅固で緻密で澄んだ白磁に、コバルト顔料で松が描かれています。その描写には、朝鮮前期に流行した馬夏《ばか》派の画風が反映されていますが、模様の構図は従属文が省略される朝鮮の特徴があらわれています。馬夏派の画風と一致する点は、松の幹の太い瘤《こぶ》、鋭角に曲がった枝、松葉の表現などです。この時期に活動した画員李上佐《イサンジャ》の〈松下歩月図〉(図167)の松の表現と類似しており、李上佐の絵である可能性があります。馬夏派とは、中国宋代の馬遠《ばえん》と夏珪《かけい》が築いた画風で、朝鮮では十五～十六世紀前半に流行しました。

これに比べて、大阪の市立東洋陶磁美術館所蔵〈白磁青画宝草華唐草文壺〉は、主文様である宝草華《ほうそうげ》唐草文が全面を埋め、上下の従属文台には明代青画白磁にこのんで使われた装飾的な蓮蕾文が描かれており、中国の色彩が色濃くあらわれています。このように朝鮮の官窯は、当初、明代青画白磁の影響をわずかに受けていましたが、すぐに朝鮮の個性がはっきりと展開されたという点で、固有性を見出すことができます。

朝鮮の個性は次の二点の作品によりはっきりとあらわれます。〈白磁青画梅鳥竹文壺〉(図168)は、花開いた梅の木の枝に鳥が止まり、木の下にはナデシコ

図167. 松下歩月図
朝鮮時代、15世紀末～16世紀初、
伝李上佐筆、絹に淡彩、
190×82.2㎝、
国立中央博物館蔵

が咲く、韓国的抒情の濃やかな作品です。また〈白磁青画梅鳥竹文瓶〉(図169)は、無駄なく簡潔に、梅の枝にやさしくとまった二羽の小鳥と竹を配置し、余白を最大限に生かしながらも品格あるゆとりを見せています。

　京畿道《キョンギド》広州《クァンジュ》六ケ面一帯で、三〇〇余の白磁窯跡が調査され、その中でわずか一〇余個所の窯跡だけが発掘調査されました。それらのうち、道馬里《トマリ》1号と牛山里《ウサンニ》9―3号は、十五世紀後半〜十六世紀前半に活動した窯です。とくに、牛山里9―3号では「壬寅」(推定一四八二年)銘墓誌石の破片が収集され、一四八二年前後に生産活動をしていたと推測できます。

　青画白磁片の中には、国宝七八五号、〈白磁青画雲龍文瓶〉(図170)の模様と類似した雲龍文片が収集され、雲龍文瓶の制作背景が類推できるようになりました。祭器図説には『五礼儀』と『国朝五礼儀』に

図169. 白磁青画梅鳥竹文瓶
朝鮮時代、16世紀、高さ32.9㎝、口径8.5㎝
底径10.4㎝、宝物659、個人蔵

図169-1. 白磁青画梅鳥竹文瓶　反対面

図168. 白磁青画梅鳥竹文壺
朝鮮時代、15世紀、全高16.5㎝、口径6.2㎝
底径9.0㎝、国宝170号、国立中央博物館蔵

図170. 白磁青画雲龍文瓶
朝鮮時代、15世紀後半～16世紀前半
高さ25.0㎝、口径5.3㎝、底径7.7㎝
宝物786号、サムソン美術館リウム蔵

図170-1. 白磁青画雲龍文瓶片
朝鮮時代、1482年推定、
京畿道広州退村面牛山里9-3号
白磁窯址出土、著者撮影

それぞれ山罍《さんらい》（訳註・酒を入れる祭器）図解があり、サムソン美術館リウム所蔵の〈白磁青華鉄画三山文山罍〉（図171）は、これら祭器図説にある形と同じであるため、今に伝わる十五世紀後半の白磁祭器であることがわかります。

官窯では国家所用のうつわを生産するため、コバルト顔料の確保と窯施設が重要となります。成宗の代には、コバルトを国内で探そうとした形跡は見られません。反面、一四八九年〈白磁青画松竹文「弘治二年」銘壺〉（168頁・図166参照）を制作する一年前の成宗十九年（一四八八）に、画員李季眞《イケイジン》が中国との公貿易を通してコバルトを手に入れることができず、代わりに黒の麻布一二匹を持って帰ったことに対する罪を論じた記録があります。この論議の中で、コバルトは国内では産出しないことと民間での使用ができないことが指摘されており、コバルトに対する当時の状況を知ることができます。[※73] 五〇余年が過ぎた後にも、李安忠《イアンチュン》がコバルトを手に入れることができ

図171. 白磁青画鉄画三山文山罍
朝鮮時代、15世紀後半、高さ27.8㎝、口径9.5㎝、底径11.8㎝、宝物1056号、サムソン美術館リウム蔵
図171-1. 山罍図面
『世宗実録』「五礼儀」祭器図説
図171-2. 山罍図面
『国朝五礼儀』祭器図説

なかったことを報告する記録があります。[※74]

この二つの記録は、コバルト顔料が、白磁の絵つけにのみ使用されたわけではないことと、貿易によって使用されつづけていたことがわかります。

青画白磁に対する欲求は王室からだけではなく、士大夫層や力ある富豪層へと拡大していきました。成宗六年（一四七五）に、「士大夫の家では毎日贅沢に明け暮れ……大小の宴会では中国産の画器でなければ使わず……青画白磁は中国でつくられるものなので持ち込みが容易ではないはずなのに、どの家にもある……どうか青画白磁の使用を禁じてください……」と書かれた記録があります。[※75] また二年後にも、金永濡《キムヨンユ》が「……富豪たちは中国産青画器を競って使用していますが……きっと輸送した者がいるはずです。どうか厳しく禁じて下さい」と王に奏上する記録があります。[※76]

このように、成宗代には官窯で青画白磁をつくるためのコバルト顔料の確保につとめ、一方では、法で禁じられていたにもかかわらず、士大夫や富豪たちは輸入青華白磁を使用していたことから、青画白磁は権威と富の象徴であったことがわかります。

白磁の制作にもっとも重要な条件は窯です。当時の窯の構造は、両側の壁が一字形に真っすぐ上がる登窯であり、焔が水平に流れる横炎式です。成宗二十四年（一四九三）、司饔院の提調（訳註・大事があるときに臨時で任命される、指揮権を持つ特命の官史）である柳子光《ユジャグァン》が立釜と臥釜の模型を粘土でつくってきて、「臥釜は、焔が窯の中で横に乱れるので、磁器の形がゆがみやすい。中国の立釜で焼成する方法を呉愼孫《オシンソン》から聞くと、これは大変理にかなっている。すなわち、立釜は、焔が真っすぐに登るので、うつわがみなゆがむことなく焼かれる。立釜を築くには利川の粘土を使わなければならないので、近くの郡に命じて粘土を沙器所（官窯）へ運ばせ、試験してください」というので「それに従った」という記録があります。[※77]

　ところで立釜は、円錐型に近い中国の饅頭窯構造で、石炭を使用します。広州には饅頭窯だと推定される立釜の窯跡は発見されておらず、おそらく、試験してみた程度ではなかったかと思われます。韓国の窯はみな登窯であり、窯の中に停焔柱《ブルキドゥン》を等間隔に設置して横乱する焔を調節しました。停焔柱は約三〇～五〇センチの高さで、窯の天井にはとどきません。[※78]

　広州《クァンジュ》官窯で発掘された初期窯の中で、牛山里《ウサンニ》9—3号、樊川里《ポンチョンニ》5号、樊川里9号などの白磁窯には停焔柱が残っています。停焔柱は燔造室の中に等間隔で左右二個ずつ設置するのが基本であり、焚き口からすぐに炎が上がる段差の上には四個が設置されることもあります（図172）。したがって当時の窯の構造は、

図172. 広州樊川里5号白磁窯全景
朝鮮時代、1554年ごろ、
京畿道広州市中部面樊川里
樊川小学校前、
梨花女子大学博物館
『陶窯址発掘成果20年』、
2001、13頁1-1引用

停焰柱が設置された「単室停焰柱窯」と呼ばれています。単室停焰柱窯は、一七世紀以降では停焰柱の上に隔壁が設置された「分室窯」へと発展します。

樊川里９号白磁窯跡からは〈「嘉靖壬子」（一五五二）銘墓誌石片〉が、樊川里五号白磁窯跡からは〈「嘉靖三十三年」（一五五四）銘墓誌石片〉（図173）が出土し、一六世紀半ばに活動した窯であることがわかります。これらは同じ地域で同時に運用されたものです。樊川里９号窯が、主に高級品を制作した主窯であるのに対して、樊川里５号窯は、白磁の質が９号窯におとる従属窯であったと解説されています。このように、二個以上の窯を一地域で同時に運営したという事実は、国家が必要とする白磁の需要が多かったことを意味します。

樊川里９号窯からの出土品、〈白磁青画天馬文壺蓋片〉（図174）や〈白磁青画梅竹文壺蓋片〉、そして、〈天・地・玄・黄銘高台片〉などは、一六世紀半ば朝鮮青華白磁の制作状況を教えてくれます。

図174. 白磁青画天馬文壺蓋片
朝鮮時代、1552年、京畿道広州市中部面樊川里９号白磁窯址出土、梨花女子大博物館蔵

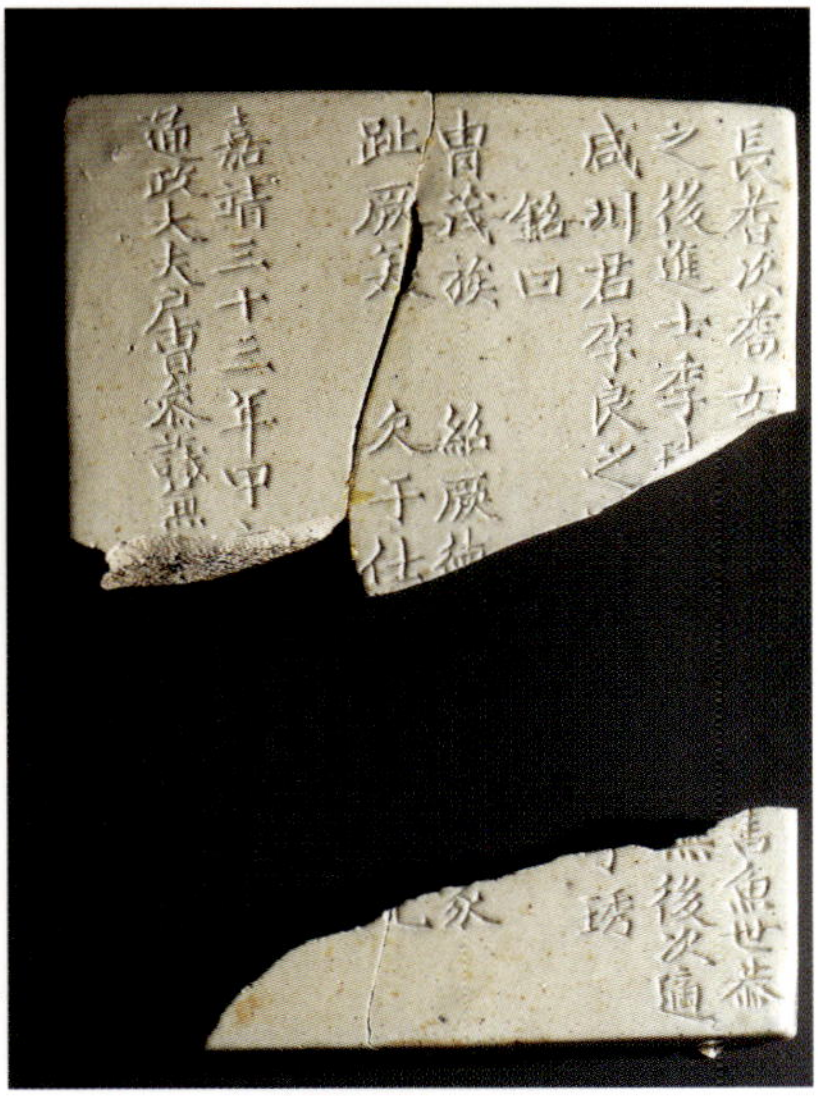

図173.「嘉靖三十三年」銘墓誌石
朝鮮時代、1554年、縦･横19～20㎝推定、厚み2㎝、京畿道広州市中部面樊川里５号白磁窯址出土、梨花女子大学博物館蔵

〈白磁青画松竹人物文壺〉（図175）は、〈白磁青画松竹文「弘治二年」銘壺〉（168頁・図166参照）と形が似ており、文様の構図で松や竹の下に人物が登場する点だけがことなります。松の木の下のソンビは詩想にふけっており、その横にはお茶の道具や香炉が置かれています。反対の面では、たわんだ竹の下の空間にソンビと琴をかかえた童子が向かいあい何か話を交わしながら立っています。このような構図は、浙派《せっぱ》画風の構図です。[※79] 朝鮮での浙派画風の流行は、一五五〇～一七〇〇年でした。[※80] 十七世紀の前半には青画白磁はほとんど制作されていなかったため、この壺は壬申《イムジン》・丁酉倭乱《チョンユウェラン》以前に浙派系統の絵をこのんで描いていた画員の絵によって、樊川里《ポンチョンニ》9号窯で制作された可能性が高いといえます。

朝鮮では、王室に生まれた子供たちのへその緒を入れるための「胎壺」といううつわが制作されていました。胎壺には内壺と外壺があり、これと子供の出生日を書いた胎誌石を、風水地理説にかなった丘陵に一緒に埋葬しました。これら胎誌石は白磁の編年研究にひとつの役割を果たしています。

一四六九年の官窯設立以前には粉青沙器印花文胎壺が使用されていましたが、設立後には、純白磁胎壺が使用されました。〈白磁胎壺〉（図176）は、端麗《たんれい》な形とにごりのない透明な淡青色の白磁釉がむらなく塗られた、十五世紀後半のすぐれた白磁です。これにくらべて、天啓七年（一六二七）、銘が刻まれた皿と一緒に出土した〈白磁内外胎壺・「天啓七年」銘皿〉（図177）は、十五世紀後半の胎壺よりも小さく、灰色を帯びており、白磁の変遷過程を知るのに欠くことのできない作品です。へその緒は布にくるんで内壺に入れ、それをもう一度外壺に入れ、蓋のつまみと肩の把手《とって》に紐をかけて堅く封をして埋めます。

十六世紀には墓の副葬品として明器が流行しました。明器はさまざまな器種を小さくつくったもの

図 175. 白磁青画松竹人物文壺
朝鮮時代、16 世紀後半、高さ 47.1㎝、
口径 15.2㎝、底径 16.7㎝、
宝物 644 号、梨花女子大博物館蔵

図 175-1. 白磁青画松竹人物文壺
反対面

図 177. 白磁内外胎壺・「天啓七年」銘皿
朝鮮時代、天啓 7 年(1627)、外壺全高 29.4㎝
京畿道高陽市シンド邑、国立中央博物館蔵

図 176. 白磁胎壺
朝鮮時代、15 世紀後半、[外壺]全高 42.5㎝、高さ 32.4㎝、口径 25.0㎝、底径 25.8㎝、蓋高さ 12.1㎝、直径 25.5㎝、[内壺]全高 27.6㎝、高さ 23.5㎝、口径 10.6㎝、底径 11.7㎝、蓋高さ 5.5㎝、直径 12.9㎝、宝物 1055 号、湖林博物館蔵

で、純白磁が主です。まれに青画白磁の明器もあります。青画白磁の明器の中には「萬歴年製」と書かれた〈白磁青画草花文「萬歴年製」銘縁皿〉（図178）と、その一環として出土した盃、皿、盒などがあります。萬歴年は一五七三〜一六一五年間に使った年号で、これらの明器はこの期間中に制作されたものです。壬申《イムジン》・丁酉倭乱《チョンユウェラン》後の一時期、青画白磁が制作されなかった事情を勘案すると、一六世紀後半の青画白磁の様相をみせてくれる明器であるといえます。

これらの文様は草花文と七宝文ですが、青画の発色は、十五世紀後半の紺碧《こんぺき》の青画発色とはことなり、淡い青色を帯びた樊川里《ボンチョンニ》9号出土の青画白磁片の発色と一脈通じるものがあります。

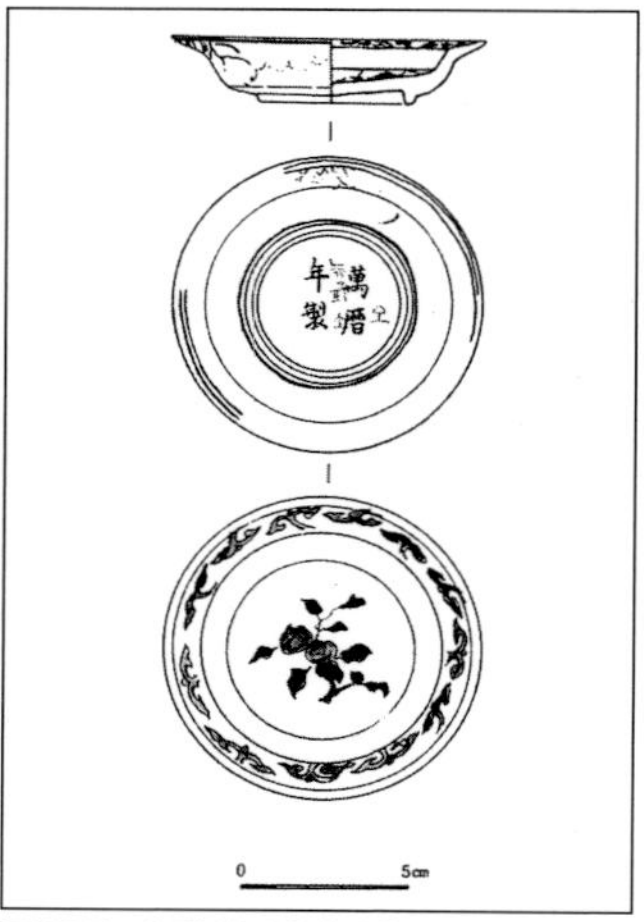

図178. 白磁青画草花文「萬暦年製」銘縁皿　図面
朝鮮時代、1573～1615年
サムソン美術館リウム蔵

(2) 中期

中期（一五九三〜一七五一）は、壬申・丁酉倭乱後廃墟と化した官窯を再整備し、新たな発展へと進行した期間です。青画白磁が制作されなかった時期には、鉄画白磁に特徴を見出すことができます。光海君《クァンヘグン》十年（一六一八）までは、財政難のため国家行事に使用する青画白磁を生産することができず、朴雨男《パクウナム》が差し出した画樽ひと組に臨時に絵を描いて使用しています。[※81] このような状況ゆえ、この時期鉄画白磁は盛んになり、韓国陶磁史において固有性を確立するにいたりました。

中期の特徴は、高台の中に「干支」、「干支＋左あるいは右」、「干支＋左あるいは右＋数字」など、三種類の文字を刻んだ点にあります。初期に、天、地、玄、黄などの文字を刻んでいたのとは大きな違いがあります。高台の中に文字を刻んだのは、進上磁器を管理するためと考えられます。十七世紀後半の粛宗《スクチョン》年代以後にはなくなり、官窯体制が安定していったことを意味します。

広州の分院は、薪木の繁茂《はんも》する地に沿って移動しました。仁祖三年（一六二五）に書かれた趙翼《チョウイック》の記録によると、分院は薪木が繁茂したところへいき、その地で薪木を使ってしまうとそこに木を植え、植えた木が繁るころにその地に戻ってきたといいます。※82 同じ村に時期が違う白磁の窯址があるのはこのためです。

干支銘が収集される窯跡によって、十七世紀の分院はおおよそ一〇年ごとに移動したことがわかります。移動経路は、炭筏里《タンポッリ》→祥林里《サンニムニ》→仙東里《ソンドンニ》→松亭洞《ソンジョンドン》→柳寺里《ユサリ》→新垈里《シンデリ》の順です。その後は、池月里《チウォッリ》→？→五香里《オヒャンニ》→金沙里《クムサリ》と移動し、金沙里では約三〇年間とどまりましたが、これらの窯からは干支の字を刻んだ作品は発見されていません。※83 しかし、薪木の運搬は容易ではなく、一七五二年に金沙里から今の分院里に移ります。それから一八八三年までの一三〇年間、漢江を利用し江原道から薪木を調達し、これによって一か所での活動が可能となりました。

炭筏里の窯址からは、丙午（一六〇六）〜辛亥（一六一一）までの干支が収集されています。とくに、「丙午右」銘高台片は〈白磁王子仁興君第一子「丙午右」銘皿型墓誌〉として使用された白磁皿高台内の銘文「丙午右」と同じです。それゆえこの高台片は、一六〇六年に炭筏里で制作され、墓誌として使用された皿片であることが確認できます。このときから始まった高台内に干支を刻む習わしは、約七〇年間つづき、新垈里《シンデリ》窯以後はほとんど姿を消しました（地図11　十七世紀広州窯の移動経路）。

これらの窯址の中で、これまで発掘された窯は仙《ソン》東里《ドンニ》、松亭洞《ソンジョンドン》、新垈里のみです。仙東里では、庚辰（一六四〇）から己丑（一六四九）まで、十年分の干支がすべて収集されています（図179）。仙東里窯は、十年後には、松亭洞へ移設されました。仁祖二十六年（一六四八）に司饔院の官員であった金光煜《キムグァンウック》が王に奏上した記録によると、一六四九年の秋には松亭洞で制作が始まっており、事実、己丑（一六四九）の陶片が松亭洞で収集せれています。同じ年に仙東里から松亭洞へ移り、ただちに活動を始めたことがわかります。[※84]

仙東里出土陶片の特徴は、白磁の鉢と皿が主流を成していることです。鉢と皿の高台内の銘文は「干支＋左あるいは右」であり、鉢は内底が深く、豊かな量感が特色です。壺片は口が狭く胴はふっくらしており、一七世紀前半の様相を代表するものです。

図179. 仙東里出土 10年分干支 高台
朝鮮時代、1640～1649年
京畿道広州市チョウォル面仙東里出土、
梨花女子大博物館

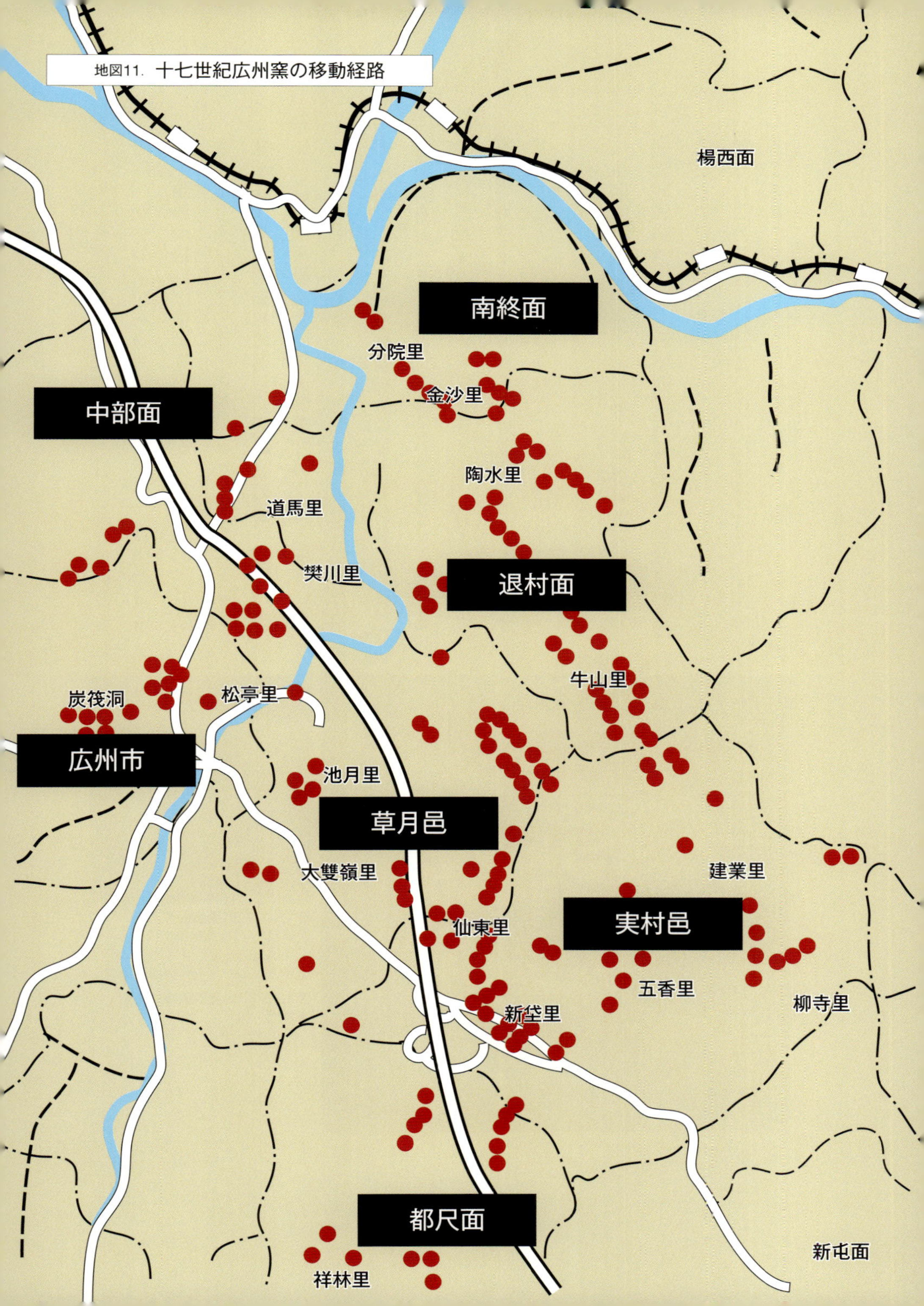
地図11. 十七世紀広州窯の移動経路
楊西面
南終面
分院里
金沙里
中部面
陶水里
道馬里
樊川里
退村面
牛山里
炭筏洞
松亭里
広州市
池月里
草月邑
大雙嶺里
建業里
仙東里
実村邑
五香里
柳寺里
新垡里
都尺面
新屯面
祥林里

コバルトを使用した青画白磁は、鉢や皿の底の真ん中に「祭」の字があるものだけですが、鉄画のほうは、画員が描いた格調高い破片が多く、注目されます。たとえば、〈白磁鉄画梅竹文壺〉(図180)は、十六世紀以後の器形をしており、従属文の雲、蓮弁、波などは、仙東里《ソンドンリ》出土の鉄画の破片の文様と似ているだけでなく、主文様の竹や梅花の筆線からは、竹絵の大家である李霆《イジョン》や梅花の大家である魚夢龍《オモンニョン》の画風が感じられます。また、〈白磁鉄画龍文壺〉(図181)も、そこにただよう気迫から、仙東里窯の作品であると推定されます。仙東里窯での匣鉢の使用はごく一部で、大部分は重ね焼きされたのが特徴です。

仙東里白磁窯と松亭洞《ソンジョンドン》5号白磁窯の構造は、「分室階段式窯」です。分室階段式は隔壁が施設されるところに段をつける窯で、この構造は、地方の白磁窯でもこの時期流行しました。松亭洞5号白磁窯は三間の窯で、全長二二・五メートル、幅一・七～二・

図180. 白磁鉄画梅竹文壺
朝鮮時代、16世紀後半～17世紀前半、高さ41.3㎝、底径21.2㎝、国立中央博物館蔵

図180-1. 白磁鉄画梅竹文壺反対面

図 181. 白磁鉄画龍文壺 朝鮮時代、17世紀、高さ45.7㎝、梨花女子大博物館蔵

二五メートル、上にいくにしたがって若干幅が広がる構造です(図182)。出土した陶片は無文の鉢、盃、皿などの飯床器《パンサンギ》(訳註・日常でもちいられる、セットになった食器)が主流であり、壺、瓶、盒などもあります。高台内の銘文は、匣鉢に入れて焼いた白磁の高台内にだけ、「干支+左あるいは右」または、「干支+左あるいは右+数字」が刻まれています(図183)。

新垈里《シンデリ》は一六七四〜七六年に該当する干支が収集されたところで、そこには何基かの窯址があります。二〇〇七年にそのうちのひとつが発掘されました。発掘によって出土した龍文壺片と竹文扁瓶片は、国立中央博物館所蔵の二点の作品の制作地を推定させてくれます。〈白磁鉄画雲龍文壺〉(図184)は、龍と雲を描く筆線がゆるやかさの中にもスピード感をみせ、新垈里の鉄画白磁の特徴を帯びています。また、〈白磁鉄画竹文扁瓶〉(図185)は、太い幹一本と濃淡が使い分けられた細い葉の表現が、新垈里の窯址から出土した陶片と似ています。この扁瓶の竹の描写と壺の

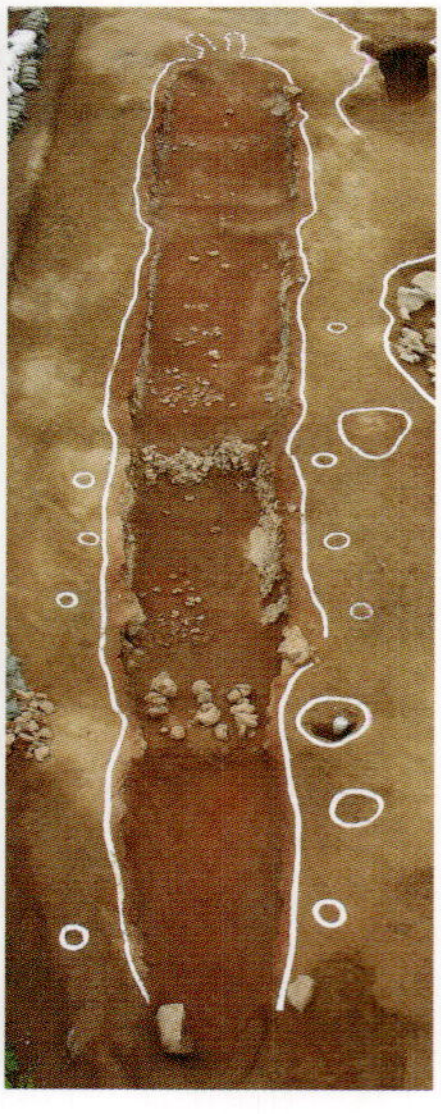

右/図182. 広州松亭洞5号白磁窯址全景
朝鮮時代、17世紀半ば、京畿道広州市松亭里

左上/図183. 広州松亭洞出土壺・瓶・皿片
朝鮮時代、17世紀半ば、京畿道広州市松亭里出土、京畿陶磁博物館蔵

左中、下/図183-1. 広州松亭洞出土干支+左/右+数字

図184. 白磁鉄画雲龍文壺
朝鮮時代、17世紀半ば、高さ36.1㎝、国立中央博物館蔵

龍の描写は、十七世紀後半の陶磁文化の一断面をみせてくれます。「新垈里の官窯では十二年になり薪木の繁茂地を探して止むを得ず移設しなければならない」とする粛宗《スクジョン》二年の記録があることから、[※85]池月里へ移っていったものと思われます。

粛宗《スクジョン》（一六七四〜一七二〇）代には、経済が次第に安定してきました。明、清交代の混乱期を脱した中国と定期的な使臣の往来が始まっただけでなく、辺境の地でも市が開かれるようになり、中国の陶磁器が入ってくるようになりました。また、分院《ブンノン》では青画白磁の生産が再開され、分院所属の匠人《しょうじん》も再整備されます。匠人制度は、三組に分けて交代で分院に入域した「分三番立役」から、専属の匠人を置く「通三番立役」制度になり、一種の雇用制に変化しました。

分院の安定的な政策は英祖《ヨンジョ》（一七二四〜一七七六）へとひき継がれます。英祖は税源確保のために柴場（訳註・薪を売買する市場）内で火田税を取り、給料にあてました。また、胎土の受給も、現地の地方官である官僚に掘取、上納させることによって、かつて司饔院の朗庁（官吏）を送るときに起きた問題点を解決しました。とりわけ白磁の生産が増加するにつれ、純度の高い胎土の確保に努力しました。

図185. 白磁鉄画竹文扁瓶
朝鮮時代、17世紀半ば、高さ19.4㎝、国立中央博物館蔵

一六五三～一六七〇年まで、分院の胎土は、原州《ウォンジュ》、瑞山《ソサン》、慶州《キョンジュ》などの白粘土を使用しましたが、この時期に運営されたのは、松亭洞《ソンジョンドン》、柳寺里《ユサリ》、新垈里《シンデリ》などの窯です。粛宗八年（一六八二）に司饔院の官員魚震翼《オジンニック》は、「……潔白な良質の土が宣川《ソンチョン》より多く採れるところはない」※86といっています。平安道《ピョンアンド》監司（訳註・各道の長官）が、民に被害を与えるので宣川土の採取をしてはならないといったにもかかわらず、粛宗三十五年までは、王室行事や御陵でおこなう祭祀のような特別な場合には宣川土が使われています。粛宗二十七年にも、宣川と慶州の土を使い、※87十二年後の粛宗三十九年には、京畿道加平《カピョン》の土を使っています。※88これらのことから、良質白土の確保が容易ではなかったことがわかります。

良質の白土を確保しようとした粛宗と英祖の努力の結果、一七世紀末以後、たいへん澄んだ色の、刮《かつ》目《もく》に価する白磁が制作されるようになりました。白磁月壺は粛宗と英祖代の白磁を代表するもののひとつです。無地で月のような丸い形は、和合と包容の象徴であり、日本や中国ではみることのできない堂々とした器形をしています（150頁・図152参照）。〈白磁青画雲龍文壺〉（図186）は、丸い月壺に青画で格調高く力あふれる雲龍文を描くことによって、朝鮮社会の苦

図186. 白磁青画雲龍文壺
朝鮮時代、18世紀前半、高さ35.3㎝、国立中央博物館蔵

図 187. 白磁青画草花文壺
朝鮮時代、18 世紀前半、高さ 29.4㎝、日本･大阪市立東洋陶磁美術館蔵

難と痛みが発展的に打開されたことをみせています。十八世紀の文気あふれる静かな躍動は、〈白磁青画草花文壺〉（図187）に見ることができます。これに加え、〈白磁鉄画葡萄文壺〉（160頁・図162参照）は器形が完璧なだけでなく、風になびくかのような自然な葡萄の文様が十八世紀前半の朝鮮画壇の画風をそのまま反映しており、名品の風格をそなえています。※89

この他、面角のついた新しい壺、瓶が生じ、変化が注目されます。〈白磁青華草花文面角壺〉は、にごりのない胎土で、胴体と高台を八角にし、それぞれ二面にわたって、クローバー模様の線内に簡略な草花文が描かれています。このような面角の壺や瓶は、この時期に流行した器形のひとつです。

(3)後期

後期（一七五二〜一八八三）は、現在の分院小学校の場所で一三〇年間窯業がつづいた時期です。分院小学校のある場所には、数十基の窯と大量の廃棄物の体積層がありましたが、日帝強占期に小学校を建設したため、相当部分が破壊されました。その後、多くの人たちが無分別に陶片を収集したため、現場の状況はすっかり変わってしまいました。二〇〇一年に小学校の入り口の一部が発掘され、十九世紀の窯構造の一端が明らかにされました。

分院《ブンノン》が金沙里《クムサリ》から分院里に移った理由は、やはり薪木の調達が金沙里より容易であるという立地条件からです（図188）。英祖二十七年（一七五二）に楊根《ヤングン》の郡主李壽頤《イスイ》の、「つづけざまに凶年になったため、分院を移すための強制労働は次の年に実施するのがよい」という意見に王が允許《いんきょ》を下したため、一七五二年に郡の南方五〇里に位置する南終面《ナムジョン》分院里に移転しました。※90

分院里に移った直後には、英祖《ヨンジョ》以来の、澄んでいて高尚な趣向の文人風白磁や青画白磁が制作されました。しかし、清から華麗なうつわが流入し、それが要因となって器形と文様が装飾的になっていきます。それだけでなく、十八世紀以降の庶民文化の拡大と身分の上昇は白磁による文房具の制作を触発させました。また、コバルト顔料の入手がそれまでに比べて容易になり、大同法実施以後の中間常人（訳註・「両班」に対する「一般人」）である貢人の存在は、分院《ブンノン》で私的な焼成が公然とおこなわれるようになった背景でもあります。

〈白磁青画菊蘭文水盤〉（図189）は八角形で、高台には風穴文がほどこされているなど、変化した姿をみることができます。しかし、このような奇抜な形態は贅沢好みの風潮であると、当時問題になりました。それだけでなく、青画白磁や匣器《カプキ》の流行でも問題が生じました。正祖十五年（一七九一）、京畿道《キョンギド》監司に命じて広州《クァンジュ》の地方文官である府尹《プユン》と営校《ヨンギョウ》に匣器制作の弊害と奇抜なうつわのひそかな制作を調査、報告させています。[※91]

匣器は真鍮のうつわより高く売れたため、禁止することは匠人の利益を損なわせるという反対意見もありましたが、正祖十七年になってついに、飯床器《パンサンギ》以外の、瓶、罌《かめ》、盃、・鍾《しょう》などの製造が禁止されました。[※92] 二年後再び、正祖はコバルト使用の匣器に対してより強力な勅令を出します。「……飯床器と瓶、

上／図188. 分院里分院全景

下／図189. 白磁青画菊蘭文水盤
朝鮮時代、18世紀、高さ10.7㎝、サムソン美術館リウム蔵

盃を除外したうつわをつくり法を犯した堂上官は罷免し、朗官は追い出す。これからはたとえ定例的に燔造する例燔品であっても無用なものや緊要でないものは一切厳に禁止する。……命令に背いた該当各宮殿の実務官員と内侍は鞭打ち一〇〇回、分院の官吏は年数制限のない流刑。……これらを板書して掲げ、分院官吏たちが絶えずこれをみて実践するようにしなさい」といった内容です。[※93] しかし、贅沢好みの風潮をなくそうとした匣器の禁令は正祖年間で終わり、純祖《スンジョ》(一八〇〇～一八三四)代に入ると、匣器は再び制作されるようになりました。

李圭景《イギュギョン》(一七八八～一八六〇)の『五洲衍文長箋散稿』「古今瓷窯辨證説」に、「正祖のとき画彩燔造を禁じたのちには、白磁の上に花弁を陽刻で浮き上がらせて焼いたが、それほど長い期間ではなく、再び青彩を使用するようになった」とあります。[※94] これは匣鉢に入れて焼いた青画白磁の制作が再開されたことを意味します。この期間の様相をみせてくれるのが、しばらくのあいだ制作された陽刻白磁であり、鶴、雲、松などの文様をつけた〈白磁陽刻十長生文筆筒〉(図190)などはその一例です。また、再び制作されるようになった多彩磁器の中で、陽刻文の上に青画、銅画、鉄画のすべてを使用した〈白磁青画銅画鉄画蘭菊草蟲文瓶〉(図191)は、華やかながらも浅薄で

図190. 白磁陽刻十長生文筆筒
朝鮮時代、19世紀、高さ12.5㎝、
サムソン美術館リウム蔵

図191. 白磁青画銅画鉄画蘭菊草蟲文瓶
朝鮮時代、18世紀後半、高さ41.7㎝、口径4.0㎝、胴径22.6㎝、底径13.3㎝、国宝294号、澗松美術館蔵

はなく、余白の妙味をうまく生かした代表作のひとつです。

この時期、清国から絢爛《けんらん》な彩色磁器が流入しましたが、朝鮮王朝は倹約《けんやく》思想を標榜したため、控えめな彩色磁器が一部制作されただけでした。〈白磁青画銅画桃形水滴〉（図192）は、よく熟した桃に青画の葉っぱと蟬の装飾を貼りつけ、木の枝を編んでつくった高台には銅画彩をほどこし、すぐれた色感の調和と形の安定をかもしている桃形水滴の秀作です。〈白磁青画銅画十長生文壺〉（図193）は、松、太陽などに銅画の赤色を格調が失われない範囲でほどこし、慎みをみせています。寅と鶴、そして松と鶴などの民画的な素材をあつかった場合にも、赤色の銅画は使われていません。余白の妙味を生かしながら鶴の属性をうまく描写した〈白磁銅画松鶴文壺〉がそれにあたります。

十八世紀の英祖《ヨンジョ》と正祖《チョンジョ》は、華麗で装飾的なものの追及をすることなく「崇倹之徳」を志向し、匣器と画器の制作を禁止しました。しかし、正祖が寵愛した朴斉家《パクチェガ》（一七五九～一八〇五）は『北学議』内編瓦條に、「中国磁器はみな精巧である……中国の人たちが贅沢をこのんだからではなく、土工の当然の事情によるものである。我が国の磁器はたいへん目が粗い。器底に砂がついているのをそのまま燔造する。まるで乾いた飯粒がついているようだ。……国に法度が無いからそうなるのであり、うつわにおいてそ

図192. 白磁青画銅画桃形水滴
朝鮮時代、18世紀、高さ10.8㎝、口径6.0㎝、幅8.4㎝、サムソン美術館リウム蔵

図193. 白磁青画銅画十長生文壺
朝鮮時代、19世紀半ば、高さ40.2cm、口径14cm、底径12.7cn、国立中央博物館蔵

の極に達する……雲従街《ウンジョンガ》（現鐘路《チョンノ》）の商店に数千個が陳列されているが……壊してももったいないという気がしない……今、司饔院の磁器はごく精巧であるというけれど、分厚く重い。そうしなければ必ず壊れるといって、逆に中国磁器にけちをつける」[※95]と書き、粗悪になったうつわを残念がっています。また朴齊家は、低品質の白磁は無茶な扱いをしてもよいとする匠人意識に問題があると考え、このような意識は国の万事に影響するので、匠人たちを訓戒し、質の悪いうつわは市場に出まわらないようにしなければならないと、強調しています。それだけでなく、日本が技芸を大いに奨励し、匠人を優遇しているという点にも深い関心を示しています。[※96]

李喜経《イヒギョン》（一七四五～一八〇五）の『雪岫外史』でも、技術発展の不振、倹約思想による高級技術の失敗、窯構造の問題点、日本磁器に対する認識などにふれながら、制度改善について辛辣《しんらつ》に言及しています。[※97]実学（訳註・実際的な学問。それまでの儒学が実生活とかけ離れた学問だったため、それに対する反動であらわれた）の大家丁若鏞《チョンヤギョン》（一七六二～一八三六）も李喜経と同じように、当時の朝鮮産業技術の立ち遅れについて、詩文集で指摘しています。[※98]しかし、このような同じ時代を生きた朴斉家《パクチェガ》、李喜経、丁若鏞などの意見は、実際には、政府の施策にまで引きあげられはしませんでした。

白磁の質的下落は一九世紀以後ますます深刻になり、分院白磁は正祖の死後、再び煩雑な文様がついた各種各様のうつわがつくられました。これに対して考証学的な方法で陶磁器に接近した徐有榘《ソユグ》（一七六四～一八四五）や李圭景《イギュギョン》（一七八八～一八六〇）の一九世紀当時の陶磁認識は注目に値します。徐有榘は『林園經濟志』の「贍用志」と「倪圭志」に、陶磁器に関する文書を残しています。特に「贍用志」にはその当時使用されていた甕器、土器、磁器、窯の構造などを、ときには中国の「天工開物」の絵と比較しながら述べています。とくに韓国の飯床器《パンサンギ》について、「磁器で組み立てられた飯床器は、我が国の風俗では、朝晩食事をするとき使ううつわをいう。飯茶碗、青物の汁碗、魚の汁碗、甫兒《ボア》と呼ばれている水キムチ入れ、醤油さし、酢醤油さし、肉醤《ユッケ》、ナムル、肉の串焼きなどがそれぞれワンセットである。これらすべてをそろえたのが飯床器で、飯茶碗と汁碗にはみな蓋がついている」[※99]と述べています。このことから、今日の韓国の食事でみることができるうつわの種類は、おおむね正祖年間にできあがっていたことがわかります。

李圭景《イギュギョン》は『五洲衍文長箋散稿』の「古今瓷窯辨證説」に、中国越州窯の秘色青磁や景徳鎮の青画白磁をはじめとして、高麗、朝鮮の青磁と白磁の歴史および特徴について書いています。とくに分院《ブンノン》の匣器《カブキ》で焼いた磁器、胎土の産地、青画白磁の使用層に関する内容、中国ならびに日本磁器との品質比較、粉青沙器、井戸茶碗などに関する記述には大変興味深いものがあります。粉青沙器、井戸茶碗に関する内容は、残念ながら日本側の記録を無批判的に受け入れたものではありますが、十九世紀前半知識人の陶磁感としてそれなりの陶磁史的意味をもっています。

十九世紀分院白磁の特徴のひとつは、青画で書かれた文字や点刻された文字が高台の内や縁に残されていることです。このような文字の出現は、政治の乱れ、庶民地主の出現などによって身分秩序が崩壊し、陶磁器需要が底辺まで拡大するにともなって、うつわの使用者を明確にするために生じた現象です。点刻文字の中に、一八三七年丁酉年の〈白磁青画寿福文花形鉢〉(図194)があります。文字はハングルで「뎡유가례시큰뎬고간이유일뉵팔」、「これは丁酉年の結婚式のとき大殿で使うために作ったもので、その数は이뉴일육팔(不明)である」と書かれています。

十九世紀青画の文様は大胆かつ煩雑で、十八世紀の風格とは違いがあります。その中で、〈白磁青画

図194. 白磁青画寿福文花形鉢
朝鮮時代、1837年、高さ8.7㎝、口径22.2㎝、底径10.5㎝、梨花女子大学博物館蔵

図194-1. 白磁青画寿福文花形鉢　銘文細部

図195. 白磁青画牡丹文瓶
朝鮮時代、19世紀、高さ44.3㎝、口径7.3㎝、底径14.5㎝、サムソン美術館リウム蔵

図196. 白磁青画魚草波文瓶
朝鮮時代、19世紀、高さ28.2㎝、口径4.5㎝、国立中央博物館蔵

牡丹文瓶〉（図195）は、大きさや文様において珍しい秀作であり、富貴の象徴である満開の牡丹と葉の描写は、さわやかで健康な姿を見せています。十九世紀後半の青画白磁の文様は、ますます図式化し装飾的になっていきますが、そのような類型のひとつが〈白磁青画魚草波文瓶〉（図196）です。

（4）末期

末期（一八八三～一九五〇）は、一八八三年に分院《ブンノン》が民窯化してから一九五〇年の朝鮮戦争によって全国が焦土《しょうど》と化し窯業が中断されるまでの期間です。この末期の設定を朝鮮王朝が終わる一九一〇年を分岐線として区分けするのではなく、一八八三～一九五〇年に区分けしたのは、厳密にいえば朝鮮白磁の末期というには多少の問題があるのですが、現代につながる時期であるとの理由から、王朝の興亡盛衰とは関係なく、このように区分けしました。この時期は、朝鮮王朝が滅び日帝強占期を経て解放を迎える、複雑な国際政治の渦に巻きこまれた時期です。

分院の匠人たちはそれぞれ地方へ散り、個人の窯を運営しました。その中のひとつが、慶尚北道《キョンサンブクド》

図197. 聞慶望同窯全景
朝鮮時代、19世紀末、慶北聞慶市、著者撮影

聞慶《ムンギョン》にある望同《マンドン》窯です(図197)。この窯は連室窯構造で、粘土の塊を丸く固めて築造した窯です。望同窯は、十九世紀末日本の塼窯構造を一部応用した階段のついたもので、全国に拡散し、現在韓国の伝統窯の構造となっています。

　このような構造の窯としては、忠清北道忠州《チュンチョンブクドチュンジャ》市弥勒里《ミロクリ》、全羅南道務安《チョルラナムドムアン》ピソ里《リ》にある白磁窯を挙げることができます(図198)。この時期の白磁の特徴は、日本伝来の沙器、「倭沙器」と呼ばれている〈白磁青画鉢〉(図199)のような日常器皿や近代式工場製品である産業陶磁にみることができます。

　その後、今日の現代陶磁は、大学教育を受けた陶芸家と一部伝統に基礎を置く伝承陶磁器を制作する一群の陶芸家が、主流を成しています。伝承陶磁器は、残念なことに、期待通りに成功した例はまれですが、かれらは京畿道利川《キョンギドイチョン》や驪州《ヨジュ》をはじめとして全国各地でその地方固有の特色を出そうと努力しながら活動をつづけています。

右／図198. 弥勒里白磁窯全景
朝鮮時代、19世紀末～20世紀前半、
忠北忠州市弥勒里、著者撮影

上／図199. 白磁青画鉢
朝鮮時代、19世紀末～20世紀前半、
忠北忠州市弥勒里1号白磁窯出土、著者撮影

註

51)『太宗實録』巻三三、太宗一七年四月丙子(二〇日)條
〝…外貢砂木器 以司饔房納施行 而庫專掌捧納…故未得終始考察 或匿或破 還納之數 僅至五分之一…長興庫貢案付砂木器 今後刻長興庫三字 其他各司所納 亦依長興庫例 各刻司號 造作上納 上項有標器皿私藏現露者 以盜官物坐罪 以絶巨弊皆從之〟

52)『世宗實録』巻一一、世宗三年四月戊申(一六日)條
〝工曹啓 凡進上器皿 不用心堅緻造作 緣此不久破毀 今後於器皿底 書造作匠名以憑後考 其不用心者 徵其器皿從之〟

53)朴敬子、「粉青沙器銘文研究」、『講座美術史』25[한국불교미술사학회(韓国仏教美術史学会)・한국미술사연구소(韓国美術史研究所)、二〇〇五、二六一~二九二頁]

54)姜敬淑、「初期粉靑沙器가마터 분포에 대한(窯址分布に関する)一考察(I)」、『泰東古典研究』10[태동고전연구회(泰東古典研究会)、一九九三、九五七~一〇一三頁][『한국도자사의 연구(韓国陶磁史研究)』][시공사(シゴン社)、二〇〇〇、二三〇~二五一頁に再収録]

55)姜敬淑、「蓮唐草文變遷과(と)印花文發生試考」、『梨大史苑』20[이대사학회(梨大史学会)、一九八三、一~三〇頁][『한국도자사의 연구(韓国陶磁史の研究)』시공사(シゴン社)、二〇〇〇、一五三~一八七頁に再収録]

56)『世宗實録』巻四九、世宗一二年八月六日條
〝…제기의 주조는 우선 자기를 구워서 만들도록 하소서 하니 그대로 따랐다(…其鑄器姑以磁器燔造從之)〟
〝…祭器の鋳造はまず磁器を焼いて作れとのことなので、それに従った〟

57)鄭素羅、「朝鮮前期吉禮用粉靑沙器研究」、『美術史學研究』223[韓國美術史學會、一九九九、五~三三頁]

58)『世宗實録』「地理志」長興都護府茂珍郡條
〝자기소가 하나 있는데 군 동쪽 이점에 있다(磁器所一在郡東梨岾)〟
〝磁器所が一か所あるが、それは郡東側の梨岾にある〟
『新增東國輿地勝覽』光山縣土産條
〝자기는 현 동쪽 석보리에서 생산한다(磁器縣東石保里)〟
〝磁器は県東側の石保里で生産する〟

59)『世宗實録』「地理志」忠清道公州牧土産條
〝주동 동학동 중품(州東東鶴洞中品)〟
〝州東の東鶴洞は中品〟

60)五礼とは吉礼・嘉礼・賓礼・軍礼・凶礼の五つをいい、大部分の儀式は、山・海・河・池などに対する祭祀、宗廟・社稷壇・成均館・郷校でおこなう祭祀である吉礼。歴代王朝の始祖に対する祭祀、すぐれた功績を残した王に対する祭祀、忠義を尽くした学者や偉人に対する祭祀など、多様で、地方の吉礼は、国王の代理として中央から派遣された官員、または、地方官員が執りおこなった。

61)成俔(一四三九~一五〇四)、『慵齋叢話』巻一〇、[『大東野乘』1、국역총서(国訳叢書)49、민족문화추진회(民族文化推進会)、一九七一]
〝…至如磁器　須用白土　精緻燔造然後可中於用…世宗朝御器專用白磁…〟

62)『孝宗實録』巻一五、孝宗六年七月乙未(一三日)條
〝大司成金益熙 進言于筵席曰 太宗大王在前朝 爲國子博士 行酌於館中 有靑花盞太宗卽位 飭本館寶藏之 多士之聚飮太學也 亦許以其盃行酒…〟

63)田勝昌、「一八~一九세기(世紀)銅畵・銅彩白磁연구(の研究)」、『시각문화의전통과해석(視覚文化の伝統と解説)』靜齋金理那教授停年退任記念美術史論文集[二〇〇七、三四五~三六八頁]

64)金泳美、「朝鮮時代官窯靑磁研究」[홍익대학교대학원 석사학위논문(弘益大大学院修士論文)、二〇〇四]

65)姜敬淑、「15세기 경기도 광주백자의 성립과 발전(世紀京畿道広州白磁の成立と発展)」、『美術史學研究』237[韓國美術史學會、二〇〇三、七五~一〇一頁]

66)『世宗實録』巻二七、世宗七年二月乙卯(一五日)條
〝左副代言金赭 問安于使臣尹鳳曰 造紙方文及沙器進獻 有聖旨 赭問曰沙器數 幾何許 鳳曰 數則無聖旨 然吾心以謂十卓所用 每卓大中小椀各一 大中小楪兒各五及大中小獐本(獐本酒器 形如甆鼓 腹有口 俗號獐本) 十事可也 且曰勅書不載…傳旨廣州牧使 進獻大中小白磁 獐本十事 精細燔造以進〟

67)『世祖實録』巻一、世祖元年(一四五五)閏六月癸亥(一九日)條
〝工曹 請造中宮酒房金盞 命以畫磁器代之 東宮亦用磁器〟

68)『世宗實錄』巻一一九、世宗三〇年三月戊子（三日）條
〝傳旨禮曹 聞中朝禁靑花磁器 賣與外國使臣 罪至於死 今後赴京及遼東之行 貿易磁器一皆禁斷〟

69)『經國大典』巻五、刑典禁制條
〝大小員人用…酒器外金銀・靑畫白磁器者・庶人男女則幷禁…金銀靑畫酒器…並杖八十〟

70)『世祖實錄』巻三〇、世祖九年五月丁酉（二四日）條
〝全羅道敬差官 丘致峒 得回回靑於康津以進〟
『世祖實錄』巻三一、世宗九年七月庚申（三日）條
〝…仍進諸邑産物…密陽府回回靑相似石…義城縣回回靑相似石…〟

71)『睿宗實錄』巻八、睿宗一年一〇月乙卯（五日）條
〝承政院 奉旨馳書于全羅道觀察使曰 康津縣所産回回靑 曾已採取試驗 間有眞實者 卿可訪問 公私沙器燔造時 須用回回靑疑似沙土 試驗以啓邑人得此彩色以進者或賞職超資敍用 或賞布五十匹 廣諭本道居民 幷諭諸道〟

72)『新增東國輿地勝覽』京畿道廣州牧土産條
〝每歲司饔院官率畫員 監造御用之器〟

73)『成宗實錄』巻二一一、成宗一九年正月戊午（二三日）條
〝…畫員李季眞 曾受公貿易回回靑價 黑麻布十二匹 而卒不買來…季眞不能納者以回回靑非我國所産 亦非民間所用 季眞雖至死 不能納必矣…〟

74)『中宗實錄』巻九七、中宗三六年一二月己卯（二八日）條
〝…回回靑等物 無之故未得貿來…〟

75)『成宗實錄』巻五五、成宗六年五月庚申（一二日）條
〝今觀士大夫之家 日事侈麗…大小宴集 非畫器不用…夫畫器 上國所産 駢載爲難而家家有之…伏願畫器之用一切禁斷…〟

76)『成宗實錄』巻七七、成宗八年閏二月一〇日戊申（一〇日）條
〝…金永濡曰 今豪富之家 競用靑畫器 唐物 非能自來 必有輸來之者 其弊不貲 請痛禁…〟

77)『成宗實錄』巻二七七、成宗二四年五月辛巳（一八日）條
〝司饔院提調柳子光 以土作沙器燔造立釜臥釜形狀 來啓曰 臥釜則火焰橫亂於其中 故沙器易至苦窳 今因吳愼孫得聞中朝立釜燔造法 此甚有理 立釜則火氣直上燔器계平正 然欲作立釜 當用利川粘土 請令附近官 輸土于沙器所 試之 從之〟

78)姜敬淑、「조선전기 분청사기와 백자가마의 구조연구（朝鮮前期粉靑沙器と白磁窯の構造研究）－불기둥의 등장과 변천（停焰柱の登場と変遷）」『미술사、자료와 해석（美術史、資料と解説）』秦弘燮先生賀壽論文集［一志社、二〇〇八、二七七～三五一頁］

79)姜敬淑、「朝鮮初期白磁의（の）文様과（と）朝鮮初・中期繪畫와의（との）關係－〈白磁靑畫松竹文弘治二年銘壺〉와 이화여자대학교 소장（と梨花女子大学所蔵の）〈白磁靑畫松竹人物文壺〉를중심으로（を中心に）」、『梨花史學研究』13・14［이화사학연구소（梨花史学研究所）、一九八三、六三～八一頁］『한국도자사의 연구（韓国陶磁史の研究）』［시공사（シゴン社）、二〇〇〇、四二八～四五九に再収録］

80)安輝濬、『韓國繪畫史』［一志社、一九八〇、九一～九二頁］

81)『光海君日記』巻一二七、光海君一〇年閏四月辛酉（三日）條
〝조가연향（朝家宴享）에 사용되는 화준（畫樽）은 난 후에 모두깨어져남은것이 없어대번청（靑）을 사서 번조하고자 했으나 무역할 길이 없어 연례를 당하면 부득이 임시로 그림을 그려서 이를 대용하였다 · 전에 현감을 지냈던 박우남（朴우 雨＋禹男）이 화준 한 쌍을 바칠 것을 원하여 그 뜻이 가상하여 자세히 이를 보니 화준은 모두 뚜껑이 없고 그 중 하나는 주둥이가 깨어져 붙이기는 했으나 주향（酒享）을 장식할 만은 하다 하여 이를 쓸 것을 아뢰니、임금이 이에 대해 박우남에게는 승직을 시키고 준 뚜껑은 속히 번조하도록 명령하였다〟（司饔院啓曰 朝家宴享所用畫樽 自經亂後蕩無遺在 每欲貿靑燔造 而絶無貿易之路 凡過宴禮 不得已假畫而用之 事體殊甚苟簡 今者前縣監朴靍男 將畫樽一雙願納 其意可嘉 看審則兩樽皆無蓋 一樽之口 雖有罅缺粘付 而可貴 酒享 留置本院 以備他日之用 宜當 傳曰曾經守令之人 相當守令陞授 樽蓋速爲燔造事 議處）〟

〝朝家宴享で使用される画樽は、乱後すべて壊れ残ったものがなく、毎回青を買って燔造しようとしたが入手する方法がなく、年礼のときには仕方なく臨時に絵を描いて代用した。かつて県監を務めた朴靍男が画樽一組奉げることを願い出、その意が奇特とされ、それを詳しく見ると画樽には皆蓋がなく、その中の一つは注口が壊れており、くっつけはしたが、酒享の飾りぐらいにはなるから使えと勧めると、王はこれに対して朴靍男を昇進させ、蓋は速やかに燔造するよう命じた〟

82)『承政院日記』第八冊、仁祖三年八月三日條
〝분원의 설치는 옛부터 수목이 무성한 곳을 택해 옮겨오기도 하고 옮겨가기도

하였다…(…分院之設 自前擇其樹木茂盛之地 移來移去…)〟

〝分院の設置は昔から樹木が繁茂したところを選んで移って行き、移って来もした。…〟

83)干支が収集されたのは、炭筏里(一六〇六～一六一一)、祥林里(一六三一～一六三六年)、仙東里(一六四〇～一六四九)松亭洞(一六四九～一六五八)、柳寺里(一六六一～一六六四)、新岱里(一六七四～一六七六)の窯跡からです。尹龍二、「朝鮮時代分院의(の)成立과(と)變遷에관한(に関する)研究(一)－廣州一帶陶窯址를중심으로(を中心に)－」、『考古美術』149[韓國美術史學會、一九八一、二二～四五頁]

84)『承政院日記』第一〇三冊、仁祖二六年一一月九日條
〝분원사기 번조 장소는경진년(1640)에 이설한후거의 10년이 다 되어 수목이 이미없어졌습니다…지금의 형편은 전일과 달라 수십 리 밖에서 땔감을 나르니 그 폐단을 헤아릴 수 없으므로 옮기지 않을 수 없습니다 · 사옹원 땔감처 내에서는 광주 동면 송치(松峙 현 송정리)가 이설하기에 합당합니다 · 내년 번역(燔役)을 시작하기에는 그 곳으로 이설하는 것이 편리하고 합당합니…(金光煜以司饔院官員 以都提調意啓曰 分院沙器燔造之處 自庚辰年移設之後 將迫十年 樹木已盡…今則事勢 異於前日 運柴於數十里之外 其弊不貲 故不得不移 而本院柴場內 廣州東面松峙可合移設云 明年燔役爲始 移設於 此地 事甚便當…)〟
〝分院磁器燔造所は庚辰年(一六四〇)に移設したのち、一〇年近く経ち樹木がなくなりました…現状はこれまでとは異なり、外から薪木を運ぶのにその弊害は数えきれず、移設せざるを得ません。司饔院の柴場内では広州東面の松峙(現松亭里)が移設に相応しいといえます。来年燔造を始めるには、そこへ移設するのが便利で相応しい…〟

85)『承政院日記』第二五五冊、肅宗二年八月一日條
〝李觀徵以司饔院官員 以都提調意啓曰 分院沙器燔造之所 排設取柴 若近十年則樹木槪盡 決難繼燔 故例移於他處矣 今者燔所之設 已至十二年 切無刈柴之路 不得不移設…〟

86)『承政院日記』第二九二冊、肅宗八年八月九日條
〝…而色品之潔白 不如宣土…〟

87)『承政院日記』第三九九冊、肅宗二七年八月一四日條
〝양구토가 제기 번조에 합당하지 않아 매번 선천과 경주의 흙을 굴취해서 번조해왔는데지금 역시 갑인년(1674년)의 예에 따라 두 고을의 백토 20 석을 수비하여 아홉 말을 한 석으로 만들어 육운(陸運)을 통해 올려 보내라는 뜻을 경상도와 평안도 감사(監司)에게 임금으로 하여금 명령를 나리도록 하라〝(李思永 以司饔院官員 以提調意啓曰…楊口土不合於祭器燔造 故每以宣川・慶州等邑土 掘取燔造矣 今亦依甲寅年例 兩邑白土各二十石水飛 九斗作石 夙夜陸運上送之意 慶尙・平安等道監司處 移文知委 何如 傳曰 允)〟
〝楊口土は祭器の燔造には相応しくなく、毎回宣川や慶州の土を採取・燔造してきたが、また、甲寅年(一六七四)の例に倣って両邑の白土二〇石を水簸して九斗の治土を作り陸送するよう、慶尚道と平安道監司に王命を出させるようにしなさい。〟

88)『承政院日記』第四八〇冊、肅宗三九年八月四日條
〝곤양 수을토가 맥이 다해서 지난 해 사옹원 낭청(郎廳)을 보내그부근을여러곳답사를했는데 ,하동의 토품이 곤양만은 못해도 다른 데보다는 나아서 채취해 와서 시험 보고하고 있다 · 보고한 내용은 하동 수을토 다섯 되를 전에 쓰다 남은 곤양토 두 말 닷 되와 배합해서 수비 시번(試燔)해 보니 빛이 모두 청흑이고 광택이 나지 않아서 결코 쓸 수 없다고 하였다 · 번조 시기는 점점 늦어져 과거의 예를 참고하여 임시로 가평에서 수십 석을 채취함에 따라 정번(停燔)을 면했다…(司饔院啓曰 進上甕器所用 昆陽水乙土之脈已盡 上年爲送本院朗廳看審其旁近諸處 則河東土品 雖不及於昆陽 猶有勝於他処處 故仍爲採取以來矣 卽見分院燔造官所報則以爲 河東水乙土五升 交合於前日用餘昆陽土二斗五升 水飛試燔 則色皆靑黑 且不滑澤 決不可用云 燔期漸晩 無他變通之路 誠極悶慮 取考前例 則己丑八月 因水土不好 臨時掘來數十石於加平地 水陸並運 得免停燔之患…)〟
〝昆陽水乙土の脈が尽きたので、昨年司饔院の朗廳を送りその付近数か所を探査したところ、河東の土質が昆陽ほどではないが他よりは良く、採取してきて試験報告をしている。報告内容は、河東水乙土五升を前に使った残りの昆陽土二斗五升と配合して水簸試燔してみたところ、色はみな青黒くなり、光沢はなく、到底使い物にならない、というものであった。燔造時期が徐々に遅れてきたので、過去の例を参考にして臨時に加平から数十石を採取することによって停燔を免れた。〟

89)강경숙(姜敬淑)、「국보107호 백자철화포도무늬 항아리(国宝一〇七号 白磁鉄画葡萄文壺)－무늬를통한제작시기시론(文様を通してみた制作時期試論)」、『梨花史學研究』17・18[이화사학연구소(梨花史学研究所)、一九八八、三七七～四〇四頁]

90)『備邊司謄錄』第一二〇冊、英祖二七年二月一日條
〝…楊根郡守李壽頤所報以爲 因司饔院達下關磁器燔造所 移設於楊根地 而連歲

大殺之餘 國役稠荐 民力倒懸…分院移設 役事煩重 實爲畿民之大弊…停止重役爲宜 而分院事勢 終不可不移則待明春擧行 亦無妨…〟
『輿地圖書』京畿道楊根物産條
〝今增磁器 今上壬申 移設廣州燔造所于郡南五十里南終面 每歲司饔院官監造御用之器〟

91)『日省錄』第三七六冊、正祖一五年九月二四日條
〝…仍令畿伯知委廣尹 分院之作弊 查探卽報來狀聞 而奇巧制樣之冐法潛造與否亦令畿伯別遣營校摘奸 如有執捉 一并屬公後狀聞〟

92)『正祖實錄』卷三八、正祖一七年一一月丙辰(二七日)條
〝…上曰 例燔之器 亦足可用 何必別造甲器乎 如瓶 罌 盃 鍾之屬 亦皆務尙奇巧 多有新製云 卿其言于都相 另加禁斷 從之 勿復燔造〟

93)『正祖實錄』卷四三、正祖一九年八月甲申(六日)條
〝…除非盤床及瓶盞外 犯科之堂上罷職郎官汰去 自今雖例燔之品 若屬於無用不緊者 一切嚴禁…當該各殿掌務中官杖一百 分院地方 勿限年定配…以此判下 揭板廚院分院 以爲常目 遵行之地〟

94)李圭景、『五洲衍文長箋散稿』「古今瓷窯辨證說」
〝正祖朝 禁畫彩燔造 后於白磁上陽刻 作花卉凸起燔出矣 不久 復用靑彩〟

95)朴齊家、『北學議』內編、瓷條
〝中國瓷器無不精者…非其人之必好奢也 土工之事當如此也 我國瓷器極麤 沙粘其下仍而燒成 累累如乾飯…國之無法 至於此而極矣…今雲從街上 列置累千瓷器…碎不足惜之心生…今司饔院燔器 號稱極精者 猶太肥重 以爲不如是 必傷也 反咎中國之器焉〟

96)朴齊家、『北學議』內編、瓷條
〝…始也工麤 習焉而民麤 始也器麤 熟焉而心麤 轉輾成俗 一瓷之不善 而國之萬事皆肖 其器物之不可以小而忽之也如此 宜飭土工器不中式者不入於市…日本之俗 凡百工技藝 一得天下一之號 則雖明知其術之末 必勝於己 而必往師之 視其一言之褒貶 以爲輕重 此其所以勸技藝專民俗之道歟〟

97)李喜經、『雪岫外史』「(亞細亞文化社、一九八六、九六～一〇〇)

98)丁若鏞、『與猶堂全書』詩文集、技藝論一

99)徐有榘、『林園經濟志』「贍用志」
〝登槃諸器 '瓷器' 東俗謂朝夕飯饌之器 曰槃牀器 飯盂一 菜羹椀一 羹膗椀一 菹采鍾俗稱甫兒一 醬鍾一 醋醬鍾一 腊醢菜炙等樣各一 諸色俱備 謂之全部槃牀器皿 其飯于羹椀 竝有蓋〟

第七章

醱酵のスイートホーム

甕器

1 甕器の由来

甕器《オンギ》とは器形を基準にしてつけられた名前であり、材質を基準にした場合は土器といえます（韓国の辞書には、「甕《オン》は酒や水を入れる土のうつわ、すなわち土器」と記されています）。

現在韓国での甕器とは、酒や水を入れる壺としての機能の他、味噌や醤油やキムチを貯蔵するための施釉土器のことを一般的に甕器といいます。ふっくらとした量感のある胴に頸と広い口がついています。「甕」に「器」をつけて「甕器」としていますが、正確にいつからそう呼ばれるようになったのかはわかっていません。

徐兢《じょきょう》の『宣和奉使高麗図経《せんわほうしこうらいずきょう》』第三二巻器皿三条には、酒を入れるうつわとして瓦樽《ワジュン》、藤尊《トゥンジュン》、陶尊《トジュン》が、水を入れるうつわとして水甕《スウォン》があると説明されています。

徐兢は瓦樽について、粳米《うるちまい》に麹《こうじ》を混ぜて酒をつくると、色は濃くアルコール度数も高くなる、その酒は酔いやすく醒めやすいと説明し、とくに「王の酒は良醞という法酒であり、法酒は瓦樽に入れて黄絹で封じておく」などと説明しています。[※100] したがって、酒のような醗酵食品には土器の一種である瓦尊を使ったことがわかります。「藤尊もまた内には瓦樽を使用し、表には藤を巻いて互いにぶつかっても壊れないようにした。藤尊は山や島の州郡から進上するときに使用した」ことも記録されています。[※101]

最近、京畿道龍仁市《キョンギドヨンイン》チュクチョンで十四世紀土器の窯址が発掘されましたが、出土品の中に、肩の部分に「司醞《サオン》」という二文字の官庁銘が陰刻された瓶がありました。この〈土器「司醞」銘瓶〉も酒を入れた土器瓶であるといえます。また、水甕に関しては、「土器であり、胴は広く頸は細いが、口はやや広い。高さは六尺(約一八〇．六センチ)、幅四尺五寸(約一三五．五センチ)で、三石二升入る。館中では銅甕を使い、山や島そして海路を船に水を積んで運ぶとき水甕を使う」と記録されています[※102]。このように、高麗時代には、酒のように醗酵する液体には土器の一種である瓦樽を使い、水を入れる容器としては水甕と呼ばれる土器を使用したことがわかります。

このほか、『宣和奉使高麗図経』雑俗二施水条には、「王城の長廊に十間ごとに幕を張って仏像を設置し、大甕に水っぽいお粥を入れておき、杓子を備えて貴賤を問わず通りかかる人が思いのままに食べられるようにした。僧徒たちがこの仕事を引き受けた」[※103]と記されています。このような徐兢の一一二四年ごろの観察記録によると、甕は主に酒、水、粥などの液体を入れる容器ではあったものの、甕器という名は使われていなかったことがわかります。

ところで、朝鮮時代、世宗《セジョン》二十六年(一四四四)に書かれた、忠清道《チュンチョンド》監察使などに椒水《しょうすい》を届ける方法を諭《さと》す言葉に、「全義の椒水は入番した監考(訳註・金・銀・穀物の出納や物品の監督を受け持った)が毎日日暮れどきに甕器に入れて気が抜けないようにし、封をして署名してから時刻とこれを載せた駅馬の名を書いて押直人に渡し、押直人は次の駅の押直人に渡す……」[※104]とあり、ここに甕器という単語が登場しています。「椒」は、芸香《うんこう》科に属する落葉灌木《かんぼく》で、葉に特異な香りがあり、実は胃薬として使われるので、椒水とはこれと関連したものではないでしょうか。ここに「甕器」という単語が文献上初めて登場しますが、「甕」とさほどことなる使用法とは思われません。

2 甕器の変遷

大型土器の壺は、新羅の積石《つみいし》木槨《もっかく》墓から出土するものがとくに注目されます。主として水や酒のような醗酵食品の液体を入れたと思われますが、慶州《キョンジュ》ファンオ洞33号墳から出土した〈土器大形甕〉(図200)はその一例です。

また、韓国食の基本は大豆を醗酵させてつくる味噌と醤油です。容器が息をすれば、味噌と醤油の味は変質することがなく、長いあいだ良好な味を維持します。その点で甕器は保存にうってつけです。味噌と醤油の製造は『三国史記』神文王三年(六八三)に、「(王が)一吉飡金欽運《イルギルチャンキムフムウン》の少女を嫁に迎えるとき、まず伊飡《イチャン》の文穎《ムニョン》と波珍飡《パジンチャン》の三光《サムグァン》という人物を遣わして期日を決めさせ、大阿飡《テアチャン》である知常《チサン》に結納を仕切らせたが、幣帛が一五輿、米、酒、油、蜂蜜、醤油、味噌、脯《ポ》(訳註・干し肉)、食醢《シッケイ》(訳註・甘酒)が一三五輿、稲が一五〇車であった」という記録があります。[※105] この記録から、七世紀にはすでに、醗酵食品である味噌、醤油、食醢が重要な食物であったことがわかります。したがって甕器は、醗酵容器として早くから確固たる地位を占めていました。このような醗酵食品は、高麗時代、朝鮮時代を経て今日にいたるまで、韓国の基本的な伝統食品です。

図200. 土器大形甕
新羅、5～6世紀、慶州市ファンオ洞33号墳出土、
梨花女子大学博物館蔵

高麗時代初期の磁器制作においては、日常器皿のような小品は青磁、貯蔵、運搬の機能をもつ比較的大型の甕器は土器で制作されるようになりました。たとえば、統一新羅まで制作されていた小型器皿が青磁に代替されることによって、食卓でのうつわの概念が変わり、[※106]青磁が高麗時代の文化に深く入りこむことによって、硬質土器だけでなく施釉土器の制作が増加していきました。

土器の胎土《たいど》と青磁の胎土の違いは、土器の方が青磁にくらべ鉄分の含有量が少し多いというだけです。それゆえ、青磁と同じ窯で制作された甕器がたまにみられます。

統一新羅時代の土器窯は、忠清南道保寧郡眞竹里《チュンチョンナムドポニョングンチンチュンニ》や全羅南道霊岩鳩林里《チョルラナムドヨンアムクリムニ》窯が代表的で、八~九世紀のものと推定されます。これらの窯で制作された器皿は壺や瓶などに特徴がみられます。眞竹里土器は折り目文瓶、扁瓶、瓶蓋が注目され、鳩林里土器には一部人工的に施釉《せゆう》したものがあり、注目されています(図201)。

京畿道始興芳山洞《キョンギドシフンパンサンドン》の土器窯は地下式構造で、九世紀末~十世紀前半のものと推定されます。ここからは眞竹里《チンチコンニ》や鳩林里《クリムニ》と似た壺、瓶、チャベギ(たらい形の容器)などが出土しました。慶尚北道金泉市《キョンサンブクドキムチョン》テ

図201. 土器壺・広口扁瓶
統一新羅時代、9世紀、高さ23.1㎝(左)、高さ29.5㎝(右)、
全羅南道霊岩鳩林里窯址出土、ヨンアム土器博物館蔵、
梨花女子大学博物館『第3の伝統、甕器の源流を訪ねて』、
2000、図63・64引用

ソン里では十世紀のものと推定される四基の土器窯址が発掘されました（図202）。構造は半地下式、または半地下階段式構造の特色をみせ、出土陶片は、大形甕、口縁付壺、チャベギ、梅瓶、広口瓶など、貯蔵や運搬の機能を果たすものが主流です。

十二世紀は翡色青磁の最盛期です。全羅南道康津《チョルラナムドカンジン》三興里《サムフンニ》では、五基の青磁窯址が発掘されたのと同じ地域から、土器窯七基が発掘されました。これによって、青磁と土器窯の製作数の比率がほとんど同じ二元体制であったことが確認できます。

十二世紀の土器窯の構造は青磁窯の構造とはことなります。幅が広く中央部がふくらみ、焚き口と焼成室の区分がはっきりせず、煙突は後尾から地上へ煙が出るようになっている地上登窯の構造です（図203）。これに比して青磁窯は、内幅が一・二メートルを超えず、両壁が並行する一文字型の登窯構造です。この構造は、翡色青磁制作の絶対条件である還元焔焼《かんげんえんしょう》成《せい》に適した構造です。したがって、土器窯と青磁窯

上／図202. 金泉市テソン里土器窯全景
高麗時代、10世紀、慶北金泉市アポ邑テソン里
青少年修養院境内、慶北文化財研究院、姜敬淑、
『韓国陶磁器窯址研究』、シゴンアート、
2005、図159－1引用

左／図203. 康津三興里Ｅ地区３号土器窯全景
高麗時代、11～12世紀、
全南康津郡チルリャン面三興里Ｅ地区、
国立光州博物館『康津三興里窯址』Ⅱ、2004、引用

が同じ地域で同時に運営されたとはいえ、窯構造は違うという事実が発掘によって確認されました。三興里土器は、ずんぐりした壺、チャベギ、小壺などを中心に発掘されます(図204)。

康津三興里の例でみたように、高麗時代土器の生産は青磁におとらず重要であり、貯蔵や運搬に便利なうつわが主流を占めていたことがわかります。三興里は沙堂里《サダンニ》とともに高麗時代の磁器所として、官窯の性格を帯びていた所でもあります。

朝鮮時代前期は、磁器窯よりも土器窯のほうがはるかに多く存在していました。『世宗実録』「地理誌」に記録されている八道三二四か所の磁器や土器の窯の中で、「陶器所」が一八五か所、「磁器所」が一三九か所となっています。これらは毎年定められた量を国家へ献納する窯で、磁器所では白磁と粉《ふん》青沙器《せいさき》を、陶器所では土器と甕器を制作しました。一八五か所の陶器所の内、忠清道公州《チュンチョンドコンジュ》に二か所の陶器所があるのですが、そのうちのひとつが黄甕匠《ファンオンジャン》と

図204. 壺・チャベギ出土の姿
高麗時代、11～12世紀、
全南康津郡チルリャン面三興里、
国立光州博物館、撮影著者

いう村の陶器所です。村の名前が黄甕匠ということから、そこは黄色い甕器を焼く匠人《しょうじん》が住んでいた村であり、黄甕は施釉土器であったと推定できます。

この他にも、江原道淮陽《カンウォンドフェヤン》では甕里《オンニ》に陶器所が一か所あり、預原甕洞里《イエウォンオンドンニ》にも陶器所が一か所あります。このような地名を通して、世宗当時、陶器所に指定される基準は土器または甕をつくった窯の有無であり、これらの窯は酒、味噌、醬油のような醱酵食品のための土器制作窯であったに違いないことがわかります。

『経国大典』工典、工匠条によると、京工匠としては禮賓寺《イエービンシ》（賓客接待のための官庁）に瓮匠六名が配置され、外工匠には忠清道林川《イムチョン》の黄甕匠が一名確保されています。黄甕匠が忠清道公州と林川で活躍したことから、黄甕は忠清道公州と林川の特産品であった可能性が高いといえます。朝鮮時代の司饔院《サウォンウォン》（訳註・王の食事と宮廷内の宴会を担当する官庁）では黄甕の用途は別にあったものと思われます。

窯址の発掘によって、工房では釉薬やその他の作業用のうつわとして、瓮を使っていたことが確認されています。忠清北道陰城《ウムソン》セン里の高麗青磁窯址の工房址から大甕が出土したことがあり、十六世紀半ばの京畿道広州ポンチョン里9号白磁窯址の発掘からも、工房址で大甕、チャベギなどが出土しましたが、すべて施釉されていない土器壺、すなわち甕器でした。

徐有榘《ソユグ》は、『林園経済志』「贍用志」で「甕《オン》」の概念を整理して、「醸造器のひとつである甕は、土器の中でもっとも大きく、しかもよく使われる。酒や味噌、醬油を入れたりキムチを貯蔵したりするとき使うもので、字書では甕罌《おんえん》となっている」と定義しています。[※107] 酒、味噌、醬油の他、十八世紀以後キムチを貯蔵する機能があったということは、醱酵食品であるキムチの甕として、甕器の用途がひとつ追加されたことになります。これによって、韓国の陶磁器制作における甕器は、最も重要な位置を占めるようになりました。

十九世紀以後に制作された土器は、甕器とみるのがもっとも適切な概念です。甕器の胎土《たいど》は、韓国の山野で簡単に採取できる、赤みを帯びた粘土です。甕器の釉薬には、イネ科の植物を燃やした灰を利用した灰汁《あく》に鉄分を含んだ土を混ぜてつくる自然釉が最適です。

釉薬をほどこした甕器は比較的高級なうつわですが、朝鮮時代の遺跡からは、施釉土器と無施釉土器が一緒に出土する例をよくみます。このような現象は、施釉土器と無施釉土器の両方を、用途によって使い分けていたことから生じたものでしょう。しかし、十九世紀後半以後、施釉土器は貯蔵用（図205）以外に台所用の食器、煙突のような建築資材（図206）、トイレ用の大型甕器など、さまざまな日常のうつわになりました。これは近世以来の、庶民生活の一面をみせてくれます。

韓国陶磁器の伝統は甕器に強く残っています。ただ、韓国人の現代住居生活がアパート中心のものに

図205. 甕器・壺
19世紀末～20世紀、梨花女子大学博物館蔵、
梨花女子大学博物館
『第3の伝統、甕器の源流を訪ねて』、
2000、図128引用

変化し、味噌、醤油、キムチのような醱酵食品の容器を置く場所がなくなってしまいました。くわえて、醱酵食品は工場での大量生産によって商品化し、韓国人の食卓にのぼっています。青磁、粉青沙器、白磁の伝統が消えたように、長い伝統を受け継いできた甕器もやがて断絶するかもしれないという危機におかれています。しかし、これから先、韓国の伝統を引き継ぐ別の新しい陶磁器が誕生することでしょう。

図206. 甕器・煙突
19世紀末～20世紀、高さ90.0～144.0㎝、
甕器民俗博物館蔵、梨花女子大学博物館
『第3の伝統、甕器の源流を訪ねて』、
2000、図162引用

註

100）徐兢、『宣和奉使高麗圖經』第三二巻器皿三瓦尊條
〝…王之所飮曰 良醞 左庫淸法酒 亦有二品 貯以瓦尊 而黃絹封之…〟

101）徐兢、『宣和奉使高麗圖經』第三二巻器皿三藤尊條
〝藤尊乃山島州郡所饋也 中亦瓦尊 外以藤周纏之…〟

102）徐兢、『宣和奉使高麗圖經』第三二巻器皿三水瓮條
〝水瓮陶器也 廣腹歛頸 其口差敞 高六尺、闊四尺五寸、用三石二升 館中用銅瓮 惟山島海道以舟載水相遺則用之〟

103）徐兢、『宣和奉使高麗圖經』第二三巻雜俗二施水條
〝王城長廊 每十間 張帟幕設佛像 置大瓮 貯白米漿 腹有杯杓之屬 恣往來之人飮之 無問貴賤 而以僧徒主其事〟

104）『世宗實錄』世宗二六年七月辛亥（四日）條
〝全義椒水入番監考 每日沒時 盛椒水於甕器 毋令泄氣 緘封着名 書其時刻 馱載驛馬 授押直人押直人轉輸次驛 押直人以此急遞…〟

105）『三國史記』巻八、神文王三年二月條
〝納一吉飡金欽運少女爲夫人 先差伊飡文穎 波珍飡三光定期 以大阿飡知常納采幣帛十五轝 米酒油蜜醬豉脯醯一百三十五轝 租一百五十車〟

106）崔健、「韓國靑磁發生에 관한（に関する）背景的考察」、『古文化』31［한국대학박물관협회（韓国大学博物館協会）、一九八七、一七〜三五頁］

107）徐有榘、『林園經濟志』「贍用志」巻二釀造諸器［甕］條
〝陶器之最大者 亦日用之 最需者也 凡釀酒造醬 沈鹽作菹 皆用此器 案字書甕罌也〟

韓国の時代区分

新石器時代 ～BC1500

BC1500 青銅器時代 BC400

BC400 初期鉄器時代 BC100

韓国の主な君主

韓国のできごと

BC6000 一部地域で農耕が開始

BC57 新羅建国

韓国陶磁のできごと

BC7000 もっとも早い時期の無文土器がつくられる

BC6000～4000 隆起文土器、口縁文土器がつくられる

BC4000～3000 櫛目文土器がつくられる

BC3000 器底が平ら、もしくは高台つきのうつわがつくられはじめる

BC1500 このころ青銅器がつくられはじめる

BC1500～400 無文土器がつくられる

BC300 このころ鉄器がつくられはじめる

日本の時代区分

縄文時代 BC4000 弥生時代

監修・山田貞夫

原三国〜三国時代

AD660

統一新羅時代

高句麗
53〜146 太祖王
371〜384 小獣林王
391〜413 広開土王

百済
462〜523 武寧王

新羅
514〜539 法興王
540〜575 眞興王

BC37 高句麗建国
BC18 百済建国
42 伽耶建国
375 高句麗が仏教を公認
660 百済滅亡
668 高句麗滅亡、新羅三国統一

250 このころ新羅で固有の土器がつくられはじめる

350 このころ百済で端正な硬質土器がつくられはじめる

AD300

古墳時代

701

奈良時代

794

韓国の時代区分

統一新羅時代 → 918 ← 高麗時代

韓国の主な君主

高麗

918~943 太祖王建

981~997 六代・成宗

1123~46 一七代・仁宗

1170~97 一九代・明宗

1204~11 二一代・熙宗

1211~13 二二代・康宗

韓国のできごと

918 高麗建国

989 開京(開城)にはじめて太廟を造営

1170 武臣の乱おこる

1231 モンゴルの第1次侵攻

1270 モンゴルと和議を結ぶ

韓国陶磁のできごと

900 このころ、塼築窯にて青磁が生産されはじめる

992 ウォンサン里で発掘された〈青磁「淳化四年」銘壺〉が制作される

1000 このころ青磁制作は塼築窯から土築窯に移行する。また、末端行政機関である「所」による集団での磁器生産がはじめられる

1123 徐兢が青磁の青を「翡色」と記す

1170 この年、「武臣の乱」を契機に象嵌青磁の生産が本格化する

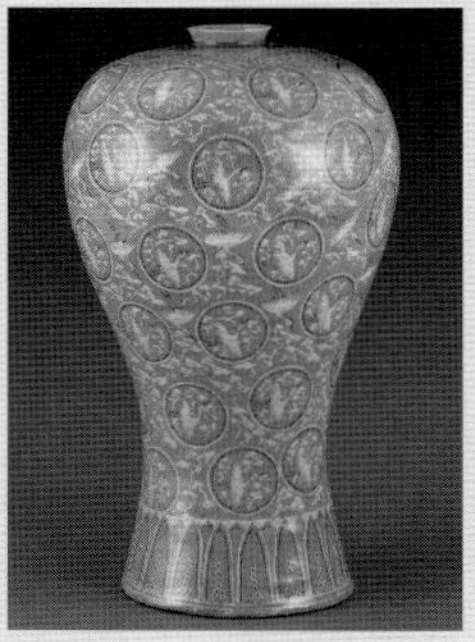

1341 『高麗史』に、陶磁器が市中で販売されている実態が記録される

日本の時代区分

平安時代 → 1185 ← 鎌倉時代 → 1333 ← 南北朝時代

1392
朝鮮時代

1351~74 三一代・恭愍王

朝鮮
1392~98 太祖李成桂

1400~18 三代・太宗

1418~50 四代・世宗

1392 李成桂、朝鮮建国

1443 「訓民正音」創製

1350 このころ粉青沙器の生産がはじめられる

1400 このころから、鉄画技法や刷毛目技法を用いた粉青沙器が多く制作される

1417 『太宗実録』に「長興庫へ納める砂木器には長興庫の三文字を刻み、その他各官庁へ納付する物もこれに倣って各司号を刻むように」と記述される

1418~1450 このころ中国から青画白磁が流入する

1425 明国成祖が10卓分210個の白磁を要求する

1432~1469 このころ印花技法の絶頂期を迎える。また、白磁が粉青沙器窯で生産され始める

1444 「甕器」という語が文献にはじめて登場

1455 青画白磁の制作が確認される

1392
室町時代

韓国の時代区分

- 朝鮮時代

韓国の主な君主

- 1455~68 七代・世祖
- 1470~94 九代・成宗

韓国のできごと

- 1451 『五礼義』刊行
- 1469 『経国大典』完成
- 1592 壬申・丁酉倭乱おこる
- 1608 各戸に貢納を義務づける大同法が施行される

韓国陶磁のできごと

- 1467 この年に完成した『経國大典』に士大夫層以外の青画白磁の使用を禁じるよう記述される
- 1469 全羅道康津でコバルトが発見された記録が残される
- 1489 このころ公州鴨峯里で鉄画技法の粉青沙器がさかんに制作される
- 1592~1618 このころ、財政難のため青画白磁が生産できず、かわりに鉄画白磁の生産が盛んになる
- 1600 このころ鉄画白磁の技法が確立される

日本の時代区分

- 室町時代
- 1573
- 安土桃山時代
- 1600

1910

1674~1720 一九代・粛宗
1724~77 二一代・英祖
1777~1800 二二代・正祖
1800~34 二三代・純祖

1627 丁卯・丙子胡乱おこる

1883 大極旗を国旗に制定
1910 朝鮮王朝滅亡
1945 日本の敗戦により占領から開放
1950 朝鮮戦争

1752 この年から1883年まで、現在の「分院里」で、うつわが焼成される
1793 この年から1800年まで、コバルトを使用した匣器の製造が段階的に禁止される
1883 分院が民営化される

江戸時代 1868 明治時代 1912

Museum, 1991.
Mowry, Robert D. 1986 (May). "Koryo Celadons", ***Orientations.***
National Museum of Korea. 5,000 Years of Korean Art, May 1, 1979-June 14, 1981. An exhibition organized by the National Museum of Korea for the museums in the United States. (Asian Art Museum of San Francisco, Seattle Art Museum, The Art Institute of Chicago, Cleveland Museum of Art, Museum of Fine Arts, Boston, The Metropolitan Museum of Art, New York, William Rockhill Nelson Gallery of Art, Kansas City)
Park, Young-sook 1984. ***Koreanische Tage-Korean Days: Ceramics, Metalwork, Lacqure, Painting, Sculpture from European collections***, Ingelheim-am-Rhein.
Pak, Young-sook and Roderick Whitfield, 2002. ***Handbook of Korean Art-Earthesware and Celadon***, Seoul: Yekyong.
Pamela B. Vandiver · Louise A. Cort · Carol A. Handwerker, 1989. "Variations in The Practice of Ceramic Technology in Differant Cultures: A Composition of Korean and Chinese Celadon Glazes", "Cross-Crafr and Cross-Cultural Interactions in Ceramics", ***Ceramics and Civilization Volume Ⅳ***, pp. 348-350.
Portal, Jane 1988(September). "Koryo Dynasty Art in the British Museum", ***Orientations.***
Vandiver, Pamela B 1991. "The Technology of Korean Celadons", in Itoh Ikutaro and Mino Yutaka, ***The Radiance of Jade and the clarity of water: Korean Ceramics from the Ataka Collection***, Chicago: The Institute of Chicago, pp. 153-158.
Wood, Nigel 1992(December). "Graciousness to wild austerity: aesthetic dimensions of Korean ceramecs explored through technolgy", ***Orientations***, vol. 23.

Goepper Roger and Roderick Whitfield, ed. 1984. ***Treasures from Korea***, The British Museum, London.
Gompertz, G. St. G. M. 1964. ***Korean Celadon and other waves of the Koryo period***, London: Faber and Faber.
Gompertz, G. St. G. M. 1968. ***Korean Pottery and Porcelain of the Yi Dynasty***, London: Faber and Faber.
Griffing, Robert 1968. ***The Art of the Koran Potter***, New York: The Asia Society Inc..
Honey, W. B. 1947. ***Corean Pottery***, London: Faber and Faber.
Itoh, Ikutaro and Mino, Yutaka 1991. ***The Radiance of Jade and the Clarity of Water: Korean Ceramics from the Ataka Collection***, Chicago: The Art Institute of Chicago.
Itoh Ikutaro, ed. 1999. ***Color of Elegance, From of Simplicity: The Beauty of Korean Ceramics from the Rhee Byung-chang collection in Japanese, Korean and English***, Osaka: Museum of Oriental Ceramics.
Itoh Ikutaro 2000. ***Korean Ceramics from the Museum of Oriental Ceramics***, Osaka, Edited by Judith G. smith, New York: The Metropolitan Museum of Art.
Kim, Chewon and Kim, Wonyong 1966. ***The Art of Korea: Ceramics, Sculpture, Gold, Bronze and Lacqure***, London.
Kang, Kyung-sook 2001. ***"Harmony between Traditional Korean Ceramics and Architecture", To Measure the Unmeasurable International Ceramic Symposium, World Ceramic Exposition***, 2001 Korea, Gyeonggi-do, Korea.
Kang, Kyung-sook 2004. ***"The approaches to the Study of Korean Ceramics", How to Approach Korean Art History-Crafts Art and Craftsman***, The First International Conference of Korean Art History, Art History Asociation of Korea, pp. 96-118.
Kim, Jae-yeol 2002. ***Handbook of Korean Art-White Porcelain and Punch'ong ware***, Seoul: Yekong.
Ministry of Foreign Affairs Republic of Korea, 1961. ***Korean Arts*** Volume Two, Ceramics.
McCune, Evelyn 1962. ***The Arts of Korea***, Tokyo: The Charles E. Tuttle.
Mckillop, Beth 1996. ***Korean Art and Crafts***, London: Victoria and Albert Museum.
Medley, Margaret 1975. *Koran Ceramics*, Cambridge: Fitzwilliam Museum.
Metalwork and Ceramics of the Koryo Dynasty Korea, Osaka, Osaka Ceramic

位論文), 2007.
尹龍二「朝鮮時代分院의(の)成立과(と)變遷에 관한(に関する)研究(一)-廣州一帶陶窯址를 중심으로(を中心に)-」『考古美術』149, 韓國美術史學會, 1981, pp. 22-45.
尹傚靖「조선 15・16세기(朝鮮15・16世紀)靑畫白磁의(の)製作과(と)使用-문헌자료와 요지출토품을 중심으로(文献資料と窯址出土品を中心に)」『美術史學研究』250・251, 한국미술사학회(韓国美術史学会), 2006, pp. 315-360.
張南原「朝鮮後期李圭景의(の)陶磁認識-〈〈五洲衍文長箋散稿〉〉의(の)〈古今瓷窯辨證說〉과(と)〈華東陶磁辨證說〉을 중심으로(を中心に)-」『美術史論壇』6, 한국미술연구소(韓国美術研究所), 1998, pp. 205-232.
田勝昌「조선전기의 백자전접시 고찰(朝鮮前期の白磁小皿考察)」『湖巖美術館研究論文集』2, 三省文化財團, 1997, pp. 99-150／「18~19세기(世紀)銅畫・銅彩白磁연구(研究)」『시각문화의 전통과 해석(史学文化の伝統と解説)』, 2007, pp. 345-368.
鄭良謨「李朝陶磁の編年」『世界陶磁全集』19, 李朝(日本:小学館), pp. 136-139.
鄭良謨・崔健「조선 후기 백자의 쇠퇴원인(朝鮮後期白磁の衰退原因)」『한국현대미술의흐름(韓国現代美術の流れ)』, 一志社, 1988, pp. 348-359.
崔敬和「編年資料를통해 본 19세기(を通してみた19世紀)靑畫白磁의(の)様式的特徵」『미술사학연구(美術史学研究)』212, 한국미술사학회(韓国美術史学会), 1996, pp. 77-107.
崔允貞「조선 17~18세기 전반 지방백자 연구(朝鮮17・18世紀前半地方白磁研究)」『미술사연구(美術史研究)』21, 미술사연구회(美術史研究会), 2007, pp. 231-266.

英語の文献

Adams, Edward B 1990. ***Korea's Pottery Heritage I - II***, Seoul International Publishing House.
Chung, Yang-mo 1998. "The Art of the Korean Potter: From the Neoolithic Period to the Joseon dynasty", ***Arts of Korea***, ed. Judith Smith, The Metropolitan Museum of Art, New York.
Gamer, Harry 1977. ***Oriental Blue and White***, London: Faber and Faber.

会), 1983, pp. 1-30／「초기 분청사기 가마터 분포에 대한일고찰(初期粉青沙器窯址分布に対する一考察) I」『泰東古典硏究』10, 태동고전연구소(泰東古典研究所), 1993, pp. 957-1013.

朴敬子「粉靑沙器銘文硏究」『講座美術史』25, 한국불교미술사학회(韓国仏教美術史学会)·한국미술사연구소(韓国美術史硏究所), 2005, pp. 261-292.

田勝昌「15世紀陶磁所考察(Ⅰ)-慶尙北道尙州地域의 변화과정을 중심으로(の変化過程を中心に)-」『湖巖美術館硏究論文集』1, 삼성문화재단(サムソン文化財団), 1996, pp. 86-102.

鄭素羅「朝鮮前期吉禮用粉靑沙器硏究」『美術史學硏究』223, 韓國美術史學會, 1999, pp. 5-33.

- 白磁 -

姜敬淑「조선 초기 백자의 문양과 조선 초·중기 회화와의 관계(朝鮮初期白磁の文様と朝鮮初・中期絵画との関係)-〈白磁靑畵松竹文弘治二年銘壺〉와 이화여자대학교소장(と梨花女子大学所蔵の)〈白磁靑畵松竹人物文壺〉를중심으로(を中心にして)」『梨花史學硏究』13·14, 이화사학연구소(梨花史学研究所), 1988, pp. 377-404／「국보107호 백자철화포도무늬 항아리(国宝107号白磁鉄画葡萄文壺)-무늬를 통한 제작시기 시론(文様を通した製作時期試論)」『梨花史學硏究』17·18, 이화사학연구소(梨花史学研究所), 1988, pp. 377~404／「15세기 경기도 광주 백자의 성립과 발전(15世紀京畿道広州白磁の成立と発展)」『美術史學硏究』237, 韓國美術史學會, 2003, pp. 75-101／「조선전기 분청사기와 백자 가마의 구조 연구(朝鮮前期粉青沙器と白磁窯の構造研究)-불기둥의등장과변천(停焰柱の登場と変遷)」『미술사,자료와해석(美術史、資料と解説)-秦弘燮先生賀壽論文集』, 一志社, 2008, pp. 277-351.

姜萬吉「分院硏究」『亞細亞硏究』8-4, 1965, pp. 79-115.

金泳美「朝鮮時代官窯靑磁硏究」, 홍익대하교대학원 석사학위논문(弘益大学修士学位論文), 2004.

羅善華「甕器淵源小考」『제3의전통, 옹기의 원류를 찾아서(第3の伝統、甕器の源流を訪ねて)』, 이화여자대학교박물관(梨花女子大学博物館), 2000. pp. 10-15.

方炳善「고종연간의 분원 민영화 과정(高宗年間の分院民営化過程)」『역사와현실(歴史と現実)』33, 한국역사연구회(韓国歴史研究会), 1999, pp. 183-216.

徐知英「朝鮮時代黑釉磁器硏究」, 고려대학교대학원 석사학위논문(高麗大学修士学

化研究所, 2002, pp. 233-277／「韓國初期靑磁에 있어서 해무리굽(におけるヘムクリップ)碗問題의(の)再檢討 - 韓國靑磁製作의(の)開始時期問題의(の)解決을 위하여(のために)」『美術史學研究』237, 韓國美術史學會, 2003. 3, pp. 5-28／「高麗時代瓷器所와 그(とその)展開」『史學研究』77, 韓國史學會, 2005. 3, pp. 161-202.
張南原「'康津유형(類型)'의 공유현상을 통해 본 11-12세기 청자의 성격(の固有現象を通してみた11-12世紀靑磁の性格)」『美術史學研究』231, 韓國美術史學會, 2001, pp. 77-100／「고려시대의(高麗時代の)陶器와(と)靑瓷」『제3의 전통, 옹기의 원류를 찾아서(第3の伝統、甕器の源流を求めて)』, 이화여자대학교발물관(梨花女子大学博物館), 2000, pp. 176-185／「고려시대茶文化와(高麗時代茶文化と)靑瓷」『미술사논단(美術史論壇)』24, 한국미술연구소(韓国美術研究所), 2007상반기(上半期), pp. 129-162.
鄭良謨「高麗靑磁와(と)靑磁象嵌發生의(の)側面的考察」『澗松文華』6, 韓國民族美術史研究所, 1974, pp. 35-42／「高麗靑磁」『高麗靑磁名品特別展』, 國立中央博物館, 1989, pp. 268-283.
崔健「韓國靑磁 發生에 관한 背景的 考察」『古文化』31(韓国大学博物館協会), 1987), pp. 17-35／「韓國初期靑磁の分類と變化」『東洋陶磁』22, 東洋陶磁學會, 1992-1994, pp. 41-64／「고려청자의 발생문제(高麗靑磁の発生問題)ー고려청자 언제 어떻게 만들어졌나(高麗靑磁いつどうやって作られたか)」『美術史論壇』창간호(創刊号), 한국미술연구소(韓国美術研究所), 1995, pp. 269-294／「'干支'銘靑磁의(の)製作時期와(と)製作窯」『高麗靑磁, 康津으로의(への)歸鄕』, 康津靑磁資料博物館, 2000, pp. 81-109.
崔淳雨「高麗靑磁瓦」『美術資料』13, 國立博物館, 1969, pp. 1-11／「高麗陶磁の編年」『世界陶磁全集』18, 高麗(日本：小学館), 1978, pp. 131-178.
韓盛旭「高麗後期靑瓷의(の)器形變化」『美術史學研究』232, 韓國美術史學會, 2001, pp. 57-99／「석릉 출토 청자의 성격(碩陵出土靑磁の性格)」『江華碩陵』, 국립문화재연구소(国立文化財研究所), 2003, pp. 147-166.

〈朝鮮時代〉

- 粉靑沙器 -

姜敬淑「蓮唐草文變遷과(と)印花文發生試考」『梨大史苑』, 이대사학회(梨大史学

金載悦「高麗白磁의(の)發生과(と)編年」『考古美術』177, 한국미술사학회(韓国美術史学会), 1988, pp. 3-41／「高麗陶磁의(の)象嵌技法발생에 관한(発生に関する)一考察 -'原(proto)상감문'의 존재를중심으로('原象嵌文' の存在を中心に) -」『湖巖美術館研究論文集』2, 삼성문화재단(サムソン文化財団), 1997, pp. 55-98.
南珍珠「尙州靑里古墳출토(出土)靑磁編年研究」『美術史學研究』225 · 226, 한국미술사학회(韓国美術史学会), 2000, pp. 37-66.
朴敬子「14세기(世紀)康津磁器所의 해체와(解体と)窯業체제의(体制の)二元化」『美術史學研究』238 · 239, 韓国美術史学会, 2003, pp. 109~145.
朴芝英「高麗陽刻靑磁의(の)性格」『講座美術史』29, 韓國佛教美術史學會・韓國美術史研究所, 2007, pp. 45-86.
方炳善「高麗靑磁의(の)技術史的考察」『美術史學研究』198, 한국미술사학회(韓国美術史学会), 1993, pp. 5-21.
요시오카칸수케(吉岡完祐)「高麗靑磁發生에(に)關한(する)研究」숭전대학교석사학위논문, 1979.
尹龍二「高麗陶瓷의(の)變遷」『澗松文華』31, 韓國民族美術研究所, 1986, pp. 73-95／「干支銘象嵌靑瓷의(の)製作時期에(に)關하여(して)」『高麗時代後期干支銘象嵌靑磁』(海剛陶磁美術館, 1991), pp. 114-118.
李鍾玟「始興芳山洞初期靑磁窯址出土品을 통해 본(を通してみた)中部地域塼築窯의(の)運營時期」『美術史學研究』228 · 229, 한국미술사학회(韓国美術史学会), 2001. 3, pp. 65-97／「고려시대 청자매병 연구(高麗時代靑磁梅瓶研究)」『강좌미술사(講座美術史)』27, 한국불교미술사학회(韓国仏教美術史学会)·한국미술사연구소(韓国美術史研究所), 2006, pp. 157-190／「고려 청자장고 연구(高麗靑磁杖鼓研究)」,『시각문화의 전통과 해석(視覚文化の伝統と解説)』, 예경, 2007, pp. 299-321.
李喜寬「高麗後記己巳銘象嵌靑磁의(の)製作年代問題에 대한 새로운 접근(に対する新たな接近)」『美術史學研究』217 · 218, 韓國美術史學會, 1998, pp. 5-27／「高麗靑磁史上의(の)康津窯와(と)扶安窯 - 湖巖美術館所藏靑磁象嵌菊牧丹文'辛丑' 銘벼루(硯)銘文의(の)検討 -」『高麗靑磁、康津으로의(からの)歸鄕』, 강진청자자료박물관(康津靑磁資料博物館), 2000, pp. 61-80／「始興芳山大窯의(の)生産集團과(と)開始時期問題 - 芳山大窯出土銘文資料의(の)檢討」『新羅金石文의 현황과 과제(の現況と課題)』新羅文化祭學術論文集第23輯, 慶州市·新羅文化宣揚會, 東國大新羅文

洪潽植「Ⅵ.墓制變化와(と)地域社會」『新羅後期古墳文化研究』춘추각(春秋閣), 2003, pp. 279-300.
宮川禎一「新羅印花文陶器変遷の劃期」『古文化談叢』30(中), 九州古文化研究会, 1993, pp. 507-532.
藤井和夫「古新羅古墳編年試案-出土新羅土器を中心として-」『神奈川考古』3, 神奈川考古同人会, 1979

〈統一新羅時代〉

姜敬淑「慶州拜里出土土器骨壺小考」『三佛金元龍教授停年退任記念論叢(Ⅱ)』, 一志社, 1987, pp. 215-222.
金元龍「土器-統一新羅時代」『韓國史論』15, 한국의 고고학(韓国の考古学)Ⅲ, 국사편찬위원회(国史編纂委員会), 1985, pp. 501-540.
金載悅「통일신라 도자기의 대외교섭(統一新羅陶磁器の対外交渉)」『통일신라미술의 대외교섭(統一新羅時代の対外交渉)』, 한국미술사학회(韓国美術史学会), 2001, pp. 111-142.
홍보식(ホンポシック)「통일신라 연결고리유개호의 발생과 전개(統一新羅連結耳有蓋壺の発生と展開)」『韓國上古史學報』50, 한국상고사학회(韓国上古史学会), 2005, pp. 23-53.

〈高麗時代〉

姜敬淑「고려전기 도자의 대중 교섭(高麗前期の対中交渉)」『高麗美術의(の)對外交渉』, 한국미술사학회예경(韓国美術史学会), 2004, pp. 194-248.
김영진「황해남도 봉천군 원산리 청자기가마터 발굴 간략보고(黄海南道ポンチョン郡ウォンサン里青磁窯址発掘簡略報告)」『조선고고연구(朝鮮考古研究)』2, 79号, 사회과학원사회학연구소(社会科学院社会学研究所), 1991.
金允貞「고려말·조선초(高麗末·朝鮮初)官司銘梅瓶의(の)製作時期와(と)性格」『흙으로 빚은우리역사(土で醸す我が歴史)』, 용인대학교박물관(龍仁大學博物館), 2004, pp. 146~165.

大学博士学位論文)』1998.
成正鏞「금강유역4~5세기 분묘 및 토기의 양상과 변천(錦江流域4～5世紀墳墓及び土器の様相と変遷)」『百濟研究』28, 충남대학교백제연구소(忠南大学百済研究所), 1998, pp. 65-134／「百濟와(と)中國의(の)貿易陶磁」『百濟研究』38, 충남대학교백제연구소(忠南大学百済研究所), 2003, pp. 25-56.
李蘭英「백제지역 출토 중국도자연구(百済地域出土中国陶磁器研究)」『百濟研究』38, 충남대학교백제연구소(忠南大学百済研究所), 1998, pp. 213-244.
李鍾珉「百濟時代輸入陶磁의(の)影響과(と) 陶磁史的意義」『百濟研究』27, 충남대학교백제연구소(忠南大学百済研究所), 1997, pp. 165-184.
崔秉鉉 외(他)「제2부(第2部)분석과 고찰(分析と考察)」『鎭川三龍里·山水里土器窯址群-본문(本文)-』, 韓南大學校中央博物館, 2006, pp. 463-517.
韓志仙「百濟土器成立期様相에대한(に対する)再檢討」『百濟研究』41, 충남대학교백제연구소(忠南大学百済研究所), 2005, pp. 1-31.

-伽耶·新羅-
金元龍「土器-新羅」『韓國史論』15, 韓國의(の)考古學Ⅲ, 國史編纂委員會, 1985, pp. 299-335.
金廷鶴「伽耶土器」『世界陶磁全集』17, 韓國古代, 日本：小学館, 1979, pp. 227-240.
李熙濬「4~5世紀新羅考古學研究」, 서울대학교대학원 박사학위논문(ソウル大学博士学位論文), 1997／「토기에 의한 신라고분의 分期와編年(土器による新羅古墳の分期と編年)」『韓國考古學報』36, 한국고고학회(韓国考古学会), 1997, pp. 45-100.
安春培「伽耶土器의(の)研究-지역적 특징을 중심으로(地域的特徴を中心に)」『嶺南考古學』9, 영남고고학회(嶺南考古学会), 1991, pp. 23-78／「新羅와(と)伽耶의(の)土器」『韓國古代史論叢』3, 한국고대사회연구소(韓国古代社会研究所), 1992, pp. 263-346.
鄭吉子「新羅時代의(の)火葬骨藏用土器研究」숭실대학교대학원 박사학위논문(スンシル大学博士学位論文), 1989.
崔秉鉉「新羅後期様式土器의(の)成立試論」『三佛金元龍教授停年退任記念論叢(Ⅰ)』, 一志社, 1987, pp. 563-596.

國考古學報』42, 한국고고학회(韓国考古学会), 2000, pp. 57-106.
李弘鍾「中島式土器의(の)成立過程」『韓國上古史學報』6, 韓国考古学会, 1991, pp. 59-82.
崔秉鉉「原三國土器의(の)系統과(と)性格」『韓國考古學報』38, 韓国上古史学会, 1998, pp. 105-145.
崔鍾圭「陶質土器 成立前夜와(と)展開」『韓國考古學報』12, 韓国考古学会, 1982, pp. 213~243.

〈三国時代〉

- 高句麗 -

姜敬淑「고구려 토기의 대중교섭(高句麗土器の対中交渉)」『高句麗美術의(の)對外交涉』, 韓国美術史学会, 1996, pp. 271-297.
朴淳發「高句麗土器의(の)形成에 대하여(について)」『百濟研究』29, 忠南大學校百濟研究所, 1999, pp. 1-26.
崔鍾澤「高句麗土器研究」, 서울대학교대학원 박사학위논문, 1999 ／「南韓地域高句麗土器의(の)編年研究」『先史와(と)古代』24, 한국고대학회(韓国古代学会), 2006, pp. 283-299.
耿鐵華・林至德「集安高句麗陶器的初步研究」『文物』1984-1, 文物出版社, 1984, pp. 55-63.
魏存成「高句麗四耳展沿壺的演變及有關的幾個問題」『文物』1985-5, 文物出版社, 1985, pp. 79-84.

- 百済 -

金英媛「百濟時代中國陶磁의(の)輸入과(と)倣製」『百濟文化』27, 공주대학교백제문화연구소(公州大学百済文化研究所), 1998, pp. 53-80.
김성남「中部地方3~4世紀古墳群細部編年」『百濟研究』33, 충남대학교백제연구소(忠南大学百済研究所), 2001, pp. 110-162.
朴淳發「백제토기의 형성과정(百済土器の形成過程) - 한강유역을 중심으로(漢江流域を中心に)」『百濟研究』23, 충남대학교백제연구소(忠南大学百済研究所), 1993, pp. 21-64 ／「百濟國家의(の)形成研究」, 서울대학교대학원 박사학위논문(ソウル

- 青銅器時代·初期鉄器時代 -

孔敏奎「中西內陸地域可樂洞類型의(の)展開」『송국리문화를 통해 본 농경사회의 문화체계(松菊里文化を通してみた農業社会の文化体系)』, 고려대학교 고고환경연구소 편 서경(高麗大學考古環境研究所編), 2005, pp. 9-34.

金範哲「錦江下流域松菊里型聚落의(の)形成과(と)稻作集約化」『송국리문화를 통해 본 농경사회의 문화체계(松菊里文化を通してみた農業社会の文化体系)』, 高麗大學考古環境研究所編, 2005, pp. 87-119.

金壯錫「충청지역 송국리유형 형성과정(忠清地域松菊星類型形成過程)」『韓國考古學報』51, 한국고고학회(韓国考古学会), 2003, pp. 33-55.

盧爀眞「점토대토기문화의 사회성격에 대한 일 고찰(粘土帯土器文化の社会性格に対する一考察) - 주거유적의 특색을 중심으로(住居遺蹟の特色を中心に)」『한국고고학보(韓国考古学報)』45, 韓国考古学会, 2001, pp. 101-124.

朴淳發「遼寧粘土帶文化의(の)韓半島定着過程」『錦江考古』창간호(創刊号), 충청문화재연구원(忠清文化財研究所), 2004, pp. 37-63.

서길덕「원형점토띠토기의 변천과정 연구(円形粘土帯土器の変遷過程研究) - 서울·경기지역을중심으로(ソウル·京畿地域を中心に) -」『先史와(と)古代』25, 한국고대학회(韓国考古学会, 2C06, pp. 327-361.

安在皓「中期無文土器時代의(の)聚落構造의(の)轉移」『嶺南考古學』29, 영남고고학회(韓国考古学会), 2001, pp. 1-42.

尹武炳「韓國青銅短劍의(の)形式分類」『震檀學報』29 · 30, 진단학회(震檀学会), 1966, pp. 41-50.

- 原三国時代 -

朴淳發「漢江流域原三國時代의(の)土器의(の)様相과(と)變遷」『韓國考古學報』23, 한국고고학회(韓国考古学会), 1989, pp. 21-58.

成正鏞「中西部地域原三國時代土器樣相」『韓國考古學報』60, 韓国考古学会, 2006, pp. 120-137.

申敬澈「釜山·慶南出土瓦質系土器」『韓國考古學報』12, 韓国考古学会, 1982, pp. 39-87.

李盛周「原三國時代의(の)土器의(の)類型·系譜· 編年·生産體制」『韓國古代史論叢』2, 1991, pp. 235-297／「打捺文土器의(の)展開와(と)陶質土器의(の)發生」『韓

鄭良謨『韓國의（の）陶磁器』, 文藝出版社, 1991.
崔秉鉉『新羅古墳研究』, 一志社, 1992.
崔盛洛
『韓國原三國文化의（の）研究 - 全南地方을중심으로（を中心に）-』, 學研文化社, 1993.
洪漕植『新羅後期古墳文化研究』, 춘추각（春秋閣）, 2003.

論文

〈先史時代〉

- 新石器時代 -

김재윤（金ゼユン）「한반도 각목돌대문토기의 편년과 계보（韓国核目突帯文土器の編年と系譜）」『한국상고사학보（韓国上古史学報）』46, 한국상고사학회（韓国上古史学会）, 2004, pp. 31-69.
송은숙「한국 빗살무늬토기문화의 확산과정 연구（韓国櫛目文土器文化の拡散過程研究）」, 서울대학교대학원 박사학위논문（ソウル大學博士学位論文）, 2002.
李東注「빗살문토기 문화의 성격（櫛目文土器文化の性格）- 발생과 확산과정을 중심으로（発生と拡散過程を中心に）-」『先史와（と）古代』13, 한국고대학회（韓国古学会）, 1999, pp. 5-30／「중동부 해안지역 빗살문토기 문화의 성격（中東部海岸地域櫛目文土器文化の性格）」『한국신석기연구（韓国新石器研究）』창간호（創刊号）, 한국신석기연구회（韓国新石器研究会）, 2001, pp. 23-55.
安承模「西海岸新石器時代의（の）編年問題」『古文化』54, 한국대학박물관협회（韓国大学博物館協会）, 1999, pp. 3-60.
林尚澤「한반도 중부지역 신석기시대 중기토기의 양상（韓半島中部地域新石器時代の様相）」『先史와（と）古代』13, 한국고대학회（韓国古代学会）, 1999, pp. 31-61／「서해 중부지역 빗살무늬토기 편년연구（西海中部地域櫛目文土器編年研究）- 신석기후기 편년세부화 시론（新石器後期編年細部化試論）」『韓國考古學報』40, 韓国考古学会, 1999, pp. 23-56.
任孝宰「新石器時代 - 토기의 시대적 변천과정（土器の時代的変遷過程）」『韓國史論』12, 韓國의（の）考古學Ⅰ·下, 국사편찬위원회（国史編纂委員会）, 1983, pp. 615-654.

著書

- 概説書 -

姜敬淑『韓國陶磁史』, 一志社, 1989.
『한국 도자기 가마터 연구(韓国陶磁器窯址研究)』, SIGONGART, 2005.
金元龍『韓國考古學概說』, 一志社, 1986.
安輝濬『韓國繪畫史』, 一志社, 1981.
李基白『韓國史新論』, 一潮閣, 1996.

- 主題·時代·論文集 -

姜敬淑『粉靑沙器研究』, 一志社, 1986
『韓國の粉靑沙器』, 日本 : 近藤出版社, 1987
『한국도자사의 연구(韓国陶磁史の研究)』, 시공사(シゴン社), 2000.
姜萬吉『朝鮮時代商工業史研究』, 한길사(ハンギル社), 1984.
金英媛『朝鮮前期陶磁의(の)研究 - 分院의(の)設置를 중심으로(を中心に) -』, 學研文化社, 1995
『조선시대 도자기(朝鮮時代陶磁器)』, 서울대학교출판부(ソウル大學出版部) ,2003.
金元龍『新羅土器』, 悅話堂, 1985.
東洋陶磁學會『東洋陶磁史』, 東洋陶磁史學會30周年記念, 2002.
朴淳發『漢城百濟의(の)誕生』, 서경문화사(ソギョン文化社), 2001.
방병선(方炳善)『조선후기 백자 연구(朝鮮後期白磁研究)』, 一志社, 2000
『백자(白磁)』, 돌베개, 2002.
宋在璇『우리나라 옹기(我が国の甕器)』, 동문선, 2004.
宋贊植『李朝後期手工業에관한(に関する)研究』, 서울대학교출판부(ソウル大學出版部), 1985.
尹龍二『韓國陶瓷史研究』, 文藝出版社, 1993.
李蘭暎『신라의 토우(新羅の土偶)』교양국사총서(教養国史叢書) 22, 세종대왕기념사업회(世宗大王記念事業会), 1976.
李南奭『百濟石室墳研究』, 學研文化社, 1995.
李英子『옹기(甕器)』, 열화당(悦話堂), 2006.
장남원(張南原)『고려 중기 청자 연구(高麗中期青磁研究)』, 혜안(ヒェアン), 2006.

號』, 1986／『住岩댐(ダム)水沒地域文化遺蹟發掘調査報告書(Ⅴ)』(全南大學校博物館), 1988／『靈岩鳩林里土器窯址發掘調査-一次發掘調査中間報告』, 1988／『靈岩鳩林里陶器窯址二次發掘調査報告書』, 2001／『朝鮮白磁窯址發掘調査報告展-附廣州牛山里9號窯址發掘調査報告』, 1993／『保寧댐(ダム)水沒地域發掘調査報告③-陶窯址發掘調査報告』, 1996／『廣州分院里白磁窯址』, 2006／『廣州樊川里9號朝鮮白磁窯址』, 2007.

梨花女子大學校博物館·楊口郡『楊口方山의(の)陶窯址地表調査報告書』, 2001

中央文化財研究所『永同沙夫里·老斤里陶窯址』, 2003
『順天文吉里白磁陶窯址』, 2004 ／『報恩赤岩里粉青沙器窯址』, 2004
『青陽大朴里白磁窯址』, 2007 ／『忠州九龍里白磁窯址』, 2005.

忠南發展研究院『大田壯安洞白磁窯址』,2002.

忠北大學校先史文化研究所『軍浦山本洞青畵白磁窯址』, 1993.

忠北大學校博物館『충주 미륵리 백자가마터(忠州彌勒里白磁窯址)』, 1995
『陰城笙里청자가마터(青磁窯址)』, 2000.

忠清埋藏文化財研究院『扶餘正覺里갓점골(カッチョムコル)遺蹟』, 2002.

韓國文化財保護財團
『中部內陸高速道路忠州區間文化遺蹟試·發掘調査報告書』, 2001.

韓南大學校中央博物館
『鎭川三龍里·山水里土器窯址群-본문(本文)·사진(写真)』, 2006.

한림대학교박물관(ハッリム大學博物館)
『원주 귀래2리 백자가마터(原州クイレ2里白磁窯址)』, 2004.

海剛陶磁美術館『康津의(の)青磁窯址』, 1992 ／『廣州牛山里白磁窯址』, 1995
『保寧댐(ダム)水沒地域發掘調査報告③-陶窯址發掘調査報告』, 1996
『廣州建業里朝鮮白磁窯址-建業里2號窯遺蹟發掘調査報告書』, 2000
『大田舊完洞窯址-어청골(オチョンコル)青磁窯址·瓦窯址發掘調査報告書』, 2001
『芳山大窯-始興市芳山洞初期青磁·白磁窯址發掘調査報告書』, 2001.

湖南文化財研究院『康津三興里窯址Ⅰ』, 2004／『高敞龍山里窯址』, 2004
『羅州雨山里窯址』, 2004 ／『長城鶩岩里窯址』, 2006
『羅州大道里白磁窯址』, 2006.

湖巖美術館『龍仁西里高麗白磁窯』, 1987／『龍仁西里高麗白磁窯Ⅱ』, 2003.

고려대학교박물관(高麗大學博物館)
『파평윤씨 정정공파 묘역조사 보고서(パンピュンユン氏墓域調査報告書)』, 2003.
國立公州博物館『松菊里』V-木柵(I), 1993.
國立光州博物館『무등산 충효동 가마터(ムドゥンサン忠孝洞窯址)』, 1993
『高興雲垈里粉青沙器陶窯址』, 2002 ／『康津三興里窯址Ⅱ』, 2004.
國立文化財研究所『江華碩陵』, 2003.
國立扶餘博物館『송국리(松菊里)』Ⅵ, 2000.
國立中央博物館『송국리(松菊里)』Ⅰ-Ⅳ, 1979・1986・1987
『仁川 景西洞 綠青磁窯址』, 1990
『光州 忠孝洞 窯址-粉靑沙器·白磁가마 퇴적층 조사(窯堆積層調査)』, 1992
『岩寺洞』Ⅰ·Ⅱ, 1994, 1995
『廣州郡道馬里白磁窯址發掘調査報告書-道馬里1號窯址』, 1995
『康津龍雲里靑磁窯址發掘調査報告書-圖板編·本文編』1996, 1997.
畿甸文化財研究院『龍仁寶亭里靑磁窯址』, 2006
『抱川吉明里黑釉瓷窯址』, 2006.
木浦大學校博物館『海南郡谷里貝塚Ⅲ』, 1989 ／『海南珍山里綠靑磁窯址』, 1992
『장성 대도리 가마유적(チャンソンテドリ窯遺蹟)』,1995
『務安皮西里朝鮮白瓷窯址』, 2003.
渼沙里先史遺蹟發掘調査團
[慶熙大學校外編],『渼沙里』제 1 권(第1巻), 1994.
[서울(ソウル)大學校博物館編],『渼沙里』제 4 권(第4巻), 1994.
『鰲山里遺蹟』Ⅰ, Ⅱ, Ⅲ, 서울대학교 고고인류학 총간 9・10・13, 1984・1985・1988
野守健,『鷄龍山麓陶窯址調査報告』昭和２年度古蹟調査報告第１冊, 朝鮮總督府, 1929 ／嶺南文化財研究院,『大邱旭水洞·慶山玉山洞遺蹟Ⅰ』, 2003.
圓光大學校馬韓·百濟文化研究所
『高敞雅山댐(ダム)水沒地區發掘調査報告書』,1985 ／『扶安鎭西里靑瓷窯址-第18號窯址發掘』, 2001 ／『扶安柳川里７區域靑瓷窯址群發掘調査報告書』, 2001.
육군사관학교 화랑대연구소(陸軍士官学校花朗大研究所)
『포천 화현리 분청사기 요지(ポチョンファヒョン里粉青沙器窯址)』, 2006.
梨花女子大學校博物館『廣州朝鮮白磁窯址發掘調査報告-樊川里5號・仙東里2, 3

국립청주박물관(国立清州博物館)『韓國出土中國磁器特別展』, 1989.
복천박물관(ポクチョン博物館)『기술의 발견(技術の発見)』, 2003.
삼성미술관리움 (サムソン美術館リウム)
『삼성미술관 소장품선집 고. 미. 술.(サムソン美術館所蔵品選集古美術)』, 2004.
서울대학교박물관 (ソウル大學博物館)
『발굴유물도록(発掘遺物図録)』, 1997／『고구려(高句麗)』, 2000.
연세대학교박물관(延世大學博物館)
『고려·조선시대 질그릇과 사기그(高麗·朝鮮時代　土の器と磁器の器)』, 2002.
예경산업사(イェギョン産業社)
『국보(国宝)』3, 청자(青磁)·토기(土器), 1983. 용인대학교박물관(龍仁大學博物館),『흙으로 빚은 우리 역사(土で醸したわが歴史)』, 2004.
이화여자대학교박물관(梨花大學博物館)
『제3의 전통, 옹기의 원류를 찾아서(第3の伝統,甕器の源流を訪ねて)』, 2000.
日本:小学館『世界陶磁全集』17, 韓国古代, 1979
『世界陶磁全集』18, 高麗, 1978／『世界陶磁全集』19, 李朝, 1980.
大阪市立東洋陶磁美術館『東洋陶磁の展開』, 1999.
조선유적유물도감편찬위원회(朝鮮遺跡遺物図鑑編纂委員会)
『조선유적유물도감(朝鮮遺跡遺物図鑑)』12, 1992.
해강도자미술관(海剛陶磁美術館)
『고려시대 후기 간지명 상감청자(高麗時代後期干支銘象嵌青磁)』, 1991.
호암갤러리(湖巌ギャラリー)『粉靑沙器名品展』, 1993／『大高麗國寶展』, 1995.
호암미술관(湖巌美術館)『朝鮮白磁展』Ⅰ, 1983／『朝鮮白磁展』Ⅱ, 1985／『朝鮮白磁展』Ⅲ, 1987／『朝鮮前期 國寶展』, 1996／『朝鮮後期 國寶展』, 1998
『粉靑沙器名品展』Ⅱ, 2001.
湖林博物館『湖林博物館名品選集』Ⅰ, 1999／『朝鮮白磁名品展』, 2003
『粉靑沙器名品展』, 2004／『湖林博物館所藏國寶展』, 2006.

発掘報告書

啓明大學校博物館『金陵松竹里遺蹟特別展圖錄』, 1994.
京畿道博物館『驪州中岩里高麗白磁窯址』, 2004.

参考文献

古文献

『三國史記』／『高麗史』／『高麗史節要』／『宣和奉使高麗圖經』／『經國大典』／『太宗實錄』／『世宗實錄』／『世宗實錄地理志』／『睿宗實錄』／『世祖實錄』／『成宗實錄』／『孝宗實錄』／『正祖實錄』／『備邊司謄錄』／『承政院日記』／『日省錄』／『新增東國輿地勝覽』／成俔『慵齋叢話』／朴齊家『北學議』／李喜經『雪岫外史』／徐有榘『林園經濟志』／李圭景『五洲衍文長箋散稿』／丁若鏞『與猶堂全書』

図録

국립공주박물관(国立公州博物館)『국립공주박물관(国立公州博物館)』, 2004
『武寧王陵』, 2006.
국립광주박물관(国立光州博物館)
『선·원사인의 도구와 기술(先·原始人の道具と技術)』, 1994.
국립김해박물관(国立金海博物館)『韓國圓形粘土帶土器文化資料集』,2004
『전환기의 선사토기(転換期の先史土器)』, 2005.
국립대구박물관(国立大邱博物館)
『우리 문화속의 중국 도자기(わが文化の中の中国陶磁器)』, 2004.
국립부여박물관(国立扶餘博物館)『백제(百済)』, 1999.
국립전주박물관(国立全州博物館)
『전북의 고려청자 다시 찾은 비취색꿈(全北の高麗青磁　再び探す翡色の夢)』, 2006.
國立中央博物館『高麗靑磁名品特別展』, 1989／『舍利莊嚴具』, 1991
『高麗陶磁銘文』, 1992／『韓國의(の)先·原史土器』, 1993
『한국 고대의 토기(韓国古代の土器)』, 1997／『統一新羅』, 2003
『발굴에서 전시까지(発掘から展示まで)』, 2007
『계룡산도자기(渓龍山陶磁器)』, 2007.
국립진주박물관(国立晋州博物館)
『청동기시대의(青銅器時代の)大坪·大坪人』, 2002.

Original Edition :
KOREAN CERAMICS by Kang Kyung-sook First edition
Published by Korea foundation

企画·監修　NPO法人高麗博物館
東京都新宿区大久保1-12-1　第2韓国広場ビル

1990年秋、ある新聞の投書をきっかけに、稲城市の市民と「在日」が日本とコリアの交流を学ぶ博物館を自分たちの手で作ろうと運動を始め、11年の準備ののち、2001年12月に新宿区大久保に高麗博物館を設立。
その後、常設展示、特別企画展示、連続在日講座、文化講座、講演会、出版などの活動を続けている。

著者　姜敬淑（カンギョンスク）

1940年ソウル生まれ。梨花女子大学史学科及び同大学院卒業。1985年梨花女子大学文学博士学位取得。国立ソウル産業大学助教授などを経て国立忠北大学校考古美術史学科教授、博物館長、忠清北道文化財文化財委員、国立中央博物館設立委員。著書に『粉青沙器研究』、『韓国陶磁史』、『粉青沙器』、『韓国陶磁器窯址研究』その他論文多数。

翻訳者　山田貞夫（やまださだお）

1938年山口県生まれ。早稲田大学法学部及び同大学院卒業（修士）。高校教師、萩焼販売会社経営を経て1998年韓国留学。ソウル大学語学研究所にて語学研修ののち、忠北大学校大学院史学科修士課程修了（考古美術史専攻）。帰国後、高麗博物館理事に就任。2007年より同博物館の理事長に就任。訳書に『解放への巡礼　朴烱圭牧師論説集』。

韓国のやきもの
先史から近代、土器から青磁・白磁まで

平成22年11月3日　初版発行
平成23年12月30日　再版発行

企画・監修
NPO法人高麗博物館

著者
姜敬淑

翻訳者
山田貞夫

発行者
納屋嘉人

発行所
株式会社　淡交社

本社
京都市北区堀川通鞍馬口上ル
営業　075・432・5151
編集　075・432・5161

支社
東京都新宿区市谷柳町39-1
営業　03・5269・7941
編集　03・5269・1691
http://www.tankosha.co.jp

印刷
大日本印刷株式会社

製本
株式会社DNP製本

ISBN 978-4-473-03676-6